SERI BUKU TEMPO

BUNG TOMO

SOERABAJA DI TAHUN 45

SERI BUKU TEMPO

BUNG TOMO

SOERABAJA DI TAHUN 45

Jakarta:
KPG (Kepustakaan Populer Gramedia) bekerja sama dengan Tempo Publishing

Seri Buku Tempo
Bung Tomo

Cetakan Pertama, Januari 2016

Tim Penyunting
Budi Setyarso
Yandhrie Arvian
Anton Aprianto
Redaksi KPG

Tim Produksi
Eko Punto Pambudi
Djunaedi
Gatot Pandego
Tri Watno Widodo

Foto Sampul
Dokumentasi Keluarga Bung Tomo

Perancang Sampul
Teguh Tri Erdyan

Tata Letak Isi
Dadang Kusmana

TEMPO
Bung Tomo
Jakarta; KPG (Kepustakaan Populer Gramedia) 2016
xiii + 148 hlm.; 16 x 23 cm
ISBN-13: 978-979-91-0993-4

Dicetak oleh PT Gramedia, Jakarta.

DAFTAR ISI

Kata Pengantar vii

Bung Tomo: Pemberontak dari Kampung Blauran xiv

Penyebar Warta Palagan Surabaya 8

Propaganda di Pertempuran Surabaya 10

Gebrakan Tengah Malam dari Biliton 17

Pekik Revolusi dari Jalan Mawar 26

Rebut Arsenal Berbekal Kartu Pers 32

Penerima Ijazah Sang Kiai 38

Misteri Potret Pembakar Semangat 44

Belahan Jiwa Pejuang Asmara 50

Kisah Jenderal Tiga Bulan 56

Anak Kampung Kumuh ke Pentas Pergerakan 62

Hidup Prihatin di Tembok Dukuh 64

Anak Serigala Pandu Garuda 70

Lepas Baju Modal Republik 75

Dua Wajah Sang Wartawan 80

TIM EDISI KHUSUS BUNG TOMO (*Tempo*, 15 November 2015)

Penanggung Jawab: Budi Setyarso. **Pemimpin Proyek:** Yandhrie Arvian. **Koordinator:** Akbar Tri Kurniawan, Firman Atmakusuma, Reza Maulana, Stefanus Teguh Edi Pramono. **Penulis:** Akbar Tri Kurniawan, Amandra Mustika Megarani, Amri Mahbub, Anton Septian, Ayu Prima Sandi, Firman Atmakusuma, Gustidha Budiartie, Jobpie Sugiharto, Khairul Anam, Linda Trianita, Mahardika Satria Hadi, Muhamad Rizki, Nur Alfiyah Tarkhadi, Raymundus Rikang, Reza Maulana, Riky Ferdianto, Rina Widiastuti, Rusman Paraqbueq, Stefanus Teguh Edi Pramono, Sunudyantoro, Untung Widianto, Yandhrie Arvian, Yuliawati. **Penyumbang Bahan**: Edwin Fajerial, Mohammad Syarrafah, Siti Jihan Syahfauziah (Surabaya), Eko Widianto (Malang). **Penyunting:** Anton Aprianto, Bagja Hidayat, Budi Setyarso, Dodi Hidayat, Dwi Wiyana, Idrus Shahab, Jajang Djamaludin, Kurniawan, Philipus Parera, Purwanto Setiadi, Retno Sulistyowati, Seno Joko Suyono, Setri Yasra, Sunudyantoro, Tomi Aryanto, Tulus Wijanarko, Wahyu Dhyatmika, Yandhrie Arvian, Yos Rizal Suriaji. **Periset Foto:** Ijar Karim, Jati Mahatmaji, Nita Dian. **Fotografer:** Aditia Noviansyah, Dian Triyuli Handoko (Jakarta), Aris Novia Hidayat (Surabaya). **Bahasa:** Iyan Bastian, Sapto Nugroho, Uu Suhardi. **Desain:** Eko Punto Pambudi, Djunaedi, Gatot Pandego, Tri Watno Widodo.

Terjungkal di Gelanggang Politik **84**
Babak-belur Partai Kelapa 86
Pak Menteri dengan Mercedes Tua 91
Kritik Berbuntut Konflik 97
Sepucuk Surat untuk Eisenhower 102

Berakhir di Tanah Suci **106**
Mahasiswa Populer Nihil Gelar 108
Percetakan hingga Pabrik Sabun 113
Tipu Muslihat Sejawat Ginseng 119
Dipenjara Biar Tak Banyak Bicara 125
Permintaan kepada Saudara Terdekat 131
Di Arafah, Si Bung Berpulang 137

Kolom
Bung Tomo dan Pertempuran Surabaya 144

KATA PENGANTAR
JEJAK SEPATU LARS DI SEJARAH KITA

TIGA dekade lebih hidup di bawah kekuasaan rezim militer ternyata bisa membuat banyak orang amnesia. Selama 32 tahun, Jenderal (Purn) Soeharto memimpin Indonesia dengan tangan besi (1966-1998). Tetapi setelah kekuasaannya tumbang, dia segera dirindukan. Publik seperti menderita sindrom Stockholm: jatuh cinta pada penculik yang menyekap mereka selama bertahun-tahun.

Untuk itulah, ikhtiar menerbitkan buku seri tokoh militer ini digulirkan. Dimulai dengan buku tentang Letnan Jenderal Sarwo Edhie Wibowo (Juni 2012), lalu Jenderal Soedirman (Desember 2012), Ali Moertopo (April 2014), dan Jenderal Benny Moerdani (Maret 2015), figur-figur kunci lain yang meletakkan benih—dan juga menjadi penyokong utama—posisi tentara sebagai mesin politik Orde Baru. Kali ini, kami mengetengahkan sosok Bung Tomo. Satu per satu, kami mengupas, membongkar, dan mendudukkan mereka kembali sebagai manusia.

Seri biografi tokoh militer ini menjadi penting karena sejumlah alasan. Selama puluhan tahun Indonesia diperintah oleh diktator militer, dan para jenderal ini tumbuh menjadi mitos, menjadi legenda yang gelap. Tanpa upaya menguliti sosok seutuhnya dari para pemilik sepatu lars ini, kita bisa terkutuk untuk terus mengulangi sebuah takdir yang buruk.

Alasan lain: menuliskan kembali kisah mereka membuat kita semua sadar bahwa ungkapan lama filsuf Inggris, Edmund Burke, benar adanya. "*All that is necessary for the triumph of evil is that good men do nothing.*" Salah satu sebab kenapa Orde Baru bisa berkuasa begitu lama adalah efektivitas dan efisiensi birokrasi negara dalam memperkuat kaki-kaki rezim. Namun di atas semua itu, ada kepasrahan massal yang kronis. Ketika belasan aktivis diculik misalnya, ribuan orang bungkam. Ketika ratusan ribu orang komunis dibantai, puluhan juta lain memilih diam.

***

SUTOMO atau Bung Tomo bukan tokoh pergerakan kemerdekaan, bukan pula ideolog. Namun kebanyakan khalayak umum, terutama para pelajar, selalu melekatkan sosok Bung Tomo dengan pertempuran 10 November 1945. Foto dirinya yang legendaris—mengenakan seragam dan topi militer, sementara sorot matanya tajam dengan satu tangan teracung—terpampang bertahun-tahun di buku-buku sejarah di sekolah. Potret itu pun mudah dicari di situs Google. Dengan kata pencarian "Bung Tomo", ratusan potret yang sama akan terlihat, dengan atau tanpa sentuhan Photoshop.

Harus diakui, palagan di Surabaya itu ikonik. Pertempuran tiga pekan itu kerap disebut sebagai perang melawan pasukan asing pertama dan terbesar sesudah Proklamasi. Tak kurang dari 6.000 pejuang Republik gugur dan 200 ribu warga sipil mengungsi, sedangkan 2.000 tentara sekutu terbunuh.

Bung Tomo yang dihubungkan dengan peristiwa 10 November lantas diangkat sebagai pahlawan nasional pada 2008. Namun beragam keraguan muncul. Dia terungkap justru tak berada di Surabaya ketika pasukan Sekutu memborbardir kota itu pada 10 November 1945. Oscar Motuloh, Kepala Galeri Foto Jurnalistik *Antara* (GFJA), menduga foto Bung Tomo yang terkenal itu dibuat di Mojokerto. Dalam buku *Enam Boelan Merdeka* (2009) terbitan GFJA, informasi yang menyertai foto tersebut menyebutkan bahwa pada rapat besar yang dilangsungkan di Mojokerto, Bung Tomo turut berbicara di muka rakyat.

Temuan lain mengungkapkan foto itu adalah rekaman saat Bung Tomo berpidato di depan publik, akhir September 1945. Hario Kecik dalam memoar Bung Tomo menyebutkan, kala itu Sutomo justru hendak membubarkan massa yang akan menyerbu tangsi Jepang di daerah Sawangan—bukan mengobarkan semangat juang.

Episode bergelora Bung Tomo sesungguhnya berlangsung singkat: dari setelah Proklamasi hingga akhir pertempuran Surabaya. Di sepenggal waktu ketika berusia 25 tahun itulah dia dinilai telah menghidupkan "makna revolusi" di medan-medan perlawanan.

Jalan perjuangannya tegas: agitasi untuk menggelorakan pemberontakan rakyat menentang kolonialisme. Dia memilih mengkomunikasikan propaganda perjuangan lewat corong radio. Dua kali sepekan dia berpidato di *Radio*

Pemberontakan, yang dipancarkan lagi oleh *Radio Republik Indonesia*. Tema pidatonya "Waspada Belanda!" disampaikan dengan gaya khas bergelora. Di awal dan akhir pidato dia menyerukan Allahu Akbar. Tak terbayangkan semangat perlawanan arek-arek Surabaya akan begitu masif tanpa agitasi Sutomo.

Semasa remaja, Sutomo menggeluti kepanduan—tonggak pendidikan terpenting yang menandai jejak hidupnya. Notosudarmo, kakek dari ayahnya, mendorongnya masuk Kepanduan Bangsa Indonesia. "Kepanduan yang membentuk karakter *leadership* dia," kata Sulistina Sutomo, istri mendiang Bung Tomo. Tak mengherankan, kepemimpinan Bung Tomo yang tegar terlukis dari pidatonya yang berapi-api.

Kemudian pada masa penjajahan Jepang, Sutomo muda menjadi wartawan kantor berita *Domei*—cikal-bakal *Antara*. Aturan pemerintah Jepang yang ketat mengawasi lalu lintas informasi membuat Bung Tomo merasa dikekang. Sungguhpun demikian, dengan bekerja di *Domei* dia dapat mengakses dan menyuplai informasi penting bagi kaum pergerakan kemerdekaan.

Semasa hidupnya, Bung Tomo punya tokoh pemimpin idola. "Pemimpin yang kuhormati itu dua: Bung Hatta dan Pak Dirman," aku Sutomo. Dari teladan kedua tokoh itu, Bung Tomo meretas andil penting. Setia menjadi pengikut Panglima Besar Soedirman, Sutomo lantas menjadi jenderal Tentara Nasional Indonesia (TNI) dari laskar rakyat pada 5 Oktober 1947. Pada 1955, Bung Tomo didaulat oleh Presiden Sukarno sebagai Menteri Negara Urusan Bekas Pejuang. Dia kemudian menjadi anggota Dewan Perwakilan Rakyat pada 1956.

Pada edisi 17 Oktober 1981, majalah *Tempo* pernah menuliskan profil Bung Tomo. Karier politik Bung Tomo disebut menyurut sesudah masa perjuangan. Masa tuanya seperti kandil yang perlahan meredup, meski masih memendarkan kehangatan. Bisnisnya sulit mereguk untung. Tapi dia gigih membela kepentingan buruh dan pedagang kecil yang terancam hak-haknya di pengadilan. Kritiknya yang pedas kepada pemerintah Presiden Soeharto menyeretnya ke tahanan Nirbaya.

Walau mendaftar masuk perguruan tinggi menjelang kepala empat, dia tak sempat bergelar sarjana. Musababnya, dia *keburu* meninggal ketika sedang melakukan wukuf di Padang Arafah. Dia memang bukan pejuang yang jago berdiplomasi. Tapi, di mata Bung Tomo, kemerdekaan Indonesia harus direbut tanpa rasa takut, meskipun dalam kondisi berkekurangan. "Kalau negeri ini tak punya uang, jual baju saya," kata Sutomo di hadapan sidang pemuda Gerakan Rakyat Baru, Juli 1945.

***

PEMBACA, Bung Tomo hanyalah salah seorang dari puluhan pahlawan nasional. Kisahnya yang menarik dan penting untuk diungkap bukanlah demi memuja-muja sosoknya. Begitulah maksud terbitnya edisi khusus Majalah *Tempo* yang dibukukan ini. Ia ditulis menjelang momen Hari Pahlawan yang jatuh pada 10 November.

Seperti yang sudah-sudah, penggalian bahan dilakukan melalui serangkaian diskusi. Bahan kasar itu kemudian diperdalam dengan mewawancarai sejumlah narasumber di pelbagai pelosok daerah dan menelusuri catatan sejarah.

Sebagian kisah hidup Bung Tomo semasa perjuangan diperoleh dengan mewawancarai Bambang Sulistomo, putra kedua Bung Tomo. Dari pengakuan Bambang, diketahui bahwa Bung Tomo berjuang di tingkat rakyat dengan mendirikan Barisan Pemberontakan Rakyat Indonesia (BPRI) untuk mengorganisir kekuatan massa. Dibandingkan pemerintah di bawah Sukarno-Hatta, Bung Tomo lebih sigap dan revolusioner menyikapi penjajah Belanda yang ingin kembali menguasai Indonesia. Hal ini, menurut Bambang, karena "Bapak tak suka dengan perundingan, tidak suka diplomasi."

Secuplik kisah asmara jenderal TNI yang bertubuh kecil ini diperoleh dari istrinya, Sulistina Sutomo. Setiap cerita yang dituturkannya juga menguatkan informasi tentang rekam politik Bung Tomo di masa muda hingga menjelang akhir hidupnya. Sejumlah tokoh veteran juga diinterviu untuk mengetahui profil Sutomo.

Dari para sejawat lama itulah ditemukan warita bahwa Sutomo punya sisi lain yang jarang dikenal publik dan bukan tanpa cela. Gebrakan Sutomo lewat BPRI membuat dia sempat disekap oleh kelompok Pemuda Republik Indonesia (PRI). Bung Tomo digelandang ke hadapan Soemarsono, Ketua Bidang Penerangan PRI saat itu. Soemarsono dan Sutomo adalah bekas teman seperjuangan. Soemarsono, kini berusia 94 tahun, akhirnya membebaskan Sutomo.

Buku ini juga memuat perselisihan Bung Tomo dengan Sukarno. Gara-garanya, Bung Tomo mengkritik Sukarno yang hendak menikahi Hartini, seorang perempuan yang masih bersuami. Hubungan dia dan Sukarno retak dan merembet ke urusan politik. Sikap kritisnya juga memunculkan reaksi keras dari pemerintah Orde Baru.

Bisa dikatakan Bung Tomo tidak berperan besar secara politik. "Dia agak oposisi, suka *nyeleneh*, suka *nyeletuk*," ujar sejarawan Rushdy Hoesein menilai sosok Sutomo. Namun dalam buku *Bung Tomo: Vokalis DPR 1956-1959* disebutkan, Bung Tomo orang pertama yang mengajukan mosi pembatalan perjanjian Konferensi Meja Bundar, yang dianggap sebagai warisan pemerintah kolonial Belanda.

Tentu apa yang kami temukan dan tulis dalam seri buku ini masih jauh dari sempurna. Ada pembaca yang mengkritik penggalan kisah pribadi para tokoh utama di sini. Cerita di seputar tempat tidur para jenderal, berdasarkan kritik itu, seharusnya tidak diumbar ke ranah publik. Kami tentu punya alasan sendiri.

Setidaknya menurut kami, kisah-kisah itu relevan untuk menggambarkan para perwira ini sebagai manusia. Kami percaya di balik perubahan sosial, keputusan politik, perjalanan jatuh-bangun bangsa ini, ada wajah-wajah dengan pergulatan, dilema, dan rahasianya sendiri. Memahami sisi gelap mereka, niscaya membantu kita memahami tindakan dan logika di baliknya. Kami berharap, sedikitnya, itulah sumbangan buku ini untuk Anda.

Selamat membaca.

BUNG TOMO

PEMBERONTAK
DARI KAMPUNG BLAURAN

Bung Tomo,
April 1947.

— DOK TEMPO/IPPHOS

SUTOMO antusias pergi ke Jakarta pada awal Oktober 1945. Kepala Seksi Penerangan Pemuda Republik Indonesia (PRI) Surabaya ini penasaran terhadap situasi Ibu Kota setelah pasukan Inggris mendarat di Indonesia pada akhir bulan sebelumnya.

Ternyata, di Jakarta, Sutomo kecewa. Ia menyaksikan iring-iringan truk pasukan Sekutu lalu-lalang di jalanan. Pemuda 25 tahun ini juga melihat bendera Belanda berkibar di depan bekas markas besar tentara Jepang di pusat Jakarta.

Sutomo membandingkan situasi itu dengan peristiwa dua pekan sebelum ia tiba di Jakarta. Ketika itu ratusan pemuda merobek warna biru bendera Belanda, menjadikannya bendera merah-putih, di atas Hotel Oranje, Surabaya. Sutomo lalu memimpin ratusan pemuda yang hadir menyanyikan lagu *Indonesia Raya*.

Perbedaan situasi antara Jakarta dan Surabaya, menurut William H. Frederick dalam buku *Pandangan dan Gejolak: Masyarakat Kota dan Lahirnya Revolusi Indonesia (Surabaya 1926-1946)*, merupakan salah satu faktor pemicu yang membakar semangat Sutomo. "Kita sudah memperoleh kemerdekaan, tapi kenapa rakyat di Ibu Kota terpaksa hidup dalam ketakutan?" kata Sutomo dalam buku itu.

Perjalanan ke Jakarta itu menentukan peran yang dilakoni Bung Tomo—begitu dia dipanggil—dalam pertempuran di Surabaya sebulan kemudian.

Di Jakarta, ia menemui Presiden Sukarno. Pemimpin kantor berita *Antara*, Adam Malik, mengantarkannya hingga pintu gerbang gedung Pegangsaan Timur 56, Jakarta. Di depan Sukarno, Wakil Presiden Mohammad Hatta, Menteri Muda Penerangan Ali Sastroamidjojo, dan Menteri Penerangan Amir Sjarifuddin, ia menceritakan perkembangan Surabaya, termasuk keberhasilan rakyat melucuti senjata Jepang.

DOK.DUKUT

Bung Tomo (kiri) saat siaran radio, 1947.

Sutomo mendesak pemerintah pusat meningkatkan semangat rakyat agar mempertahankan kemerdekaan. Ia menyatakan hendak mengoperasikan pemancar radio di Surabaya, yang isi siarannya bisa didengar di seluruh Indonesia. Sutomo ingin mengisi siaran radio dengan pidato berapi-api. "Agar semangat revolusi rakyat tidak kendur," katanya.

Keinginan Sutomo ditentang Amir Sjarifuddin. "Siaran radio bersifat agitasi dapat memperkeruh suasana di dalam negeri," katanya. Amir hanya mengizinkan Sutomo mengisi siaran radio dengan sejumlah program khusus yang disiarkan ke luar negeri. Tujuannya: kemerdekaan Indonesia diakui dunia internasional. Amir mengusulkan nama pemancar tersebut *Voice of the Indonesian Revolt.*

Pulang ke Surabaya, Bung Tomo berbohong kepada Soedirman dan Doel Arnowo. Dia mengatakan Amir Sjarifuddin telah memberi izin untuk menyiarkan pidato yang membakar semangat rakyat Surabaya.

DOK. PERPUSTAKAAN NASIONAL

Sutomo berhenti dari dunia jurnalistik. Ia memisahkan diri dari Pemuda Republik Indonesia, yang diketuai Soemarsono. Bung Tomo lalu membentuk Barisan Pemberontakan Rakyat Indonesia (BPRI) pada 12 Oktober 1945. Sempat ditentang kubu Soemarsono, pembentukan organisasi ini memperoleh restu dari petinggi militer Jawa Timur, Moestopo.

Moestopo juga yang belakangan memberikan pemancar radio bekas Jepang yang dioperasikan Tentara Keamanan Rakyat. Di mata Moestopo, Sutomo punya bakat di bidang agitasi dan propaganda. Pemancar ini kemudian disempurnakan oleh Hasan Basri, anggota BPRI.

Organisasi bentukan Bung Tomo melatih *jibaku* atau barisan berani mati. Mereka berlatih antara lain teknik menggunakan meriam dan granat. Tempat latihannya di Tembok Dukuh, Surabaya. Anggota *jibaku* banyak direkrut dari luar Surabaya.

Di bawah BPRI, Sutomo membentuk *Radio Pemberontakan*. Di masa-masa awal, radio ini meminjam pemancar milik pemerintah. Satu hari sejak BPRI didirikan, pidato Bung Tomo mengudara. Orasinya menggetarkan. Suaranya yang lantang menarik perhatian banyak orang. Bukan cuma penduduk Surabaya, melainkan juga warga Kediri, Malang, Madiun, Mojokerto, Solo, hingga Yogyakarta. Dalam waktu singkat, jumlah anggota BPRI menembus 3.000 orang.

Moechtar, bekas Pemimpin Redaksi *Panjebar Semangat*—majalah berbahasa Jawa di Surabaya—salah satu yang setia mendengarkan pidato Bung Tomo. Saat mengungsi dari Yogyakarta ke Kediri, Moechtar mengeluarkan radio kayu merek Philips setiap pukul lima sore. Bersama puluhan warga Kediri, ia mendengarkan orasi Sutomo di halaman rumah pamannya. "Saya merinding mendengar pidato itu," kata Moechtar, kini 90 tahun.

Pidato dengan suara berapi-api itu dinanti para pejuang Tentara Keamanan Rakyat. "Mereka berkumpul di bawah tiang-tiang *speaker*," kata sejarawan Rushdy Hoesein. Sejak Sutomo berpidato, laskar dari luar kota berbondong-bondong ke Surabaya. Pidato Sutomo terus mengudara, bahkan saat pasukan Indonesia mundur dari Surabaya. Melalui *Radio Pemberontakan*, ia memberikan komando bagi para pejuang untuk merebut kembali tempat-tempat penting di Surabaya.

***

UNTUK mengerjakan edisi ini, kami menemui Sulistina. Perempuan 90 tahun istri Bung Tomo ini masih ingat sebagian besar momen penting hidupnya bersama sang suami. Sulistina ingat, setiap pukul setengah enam sore, Bung Tomo pergi ke pemancar radio milik pemerintah untuk berpidato mengobarkan semangat anak-anak muda Surabaya.

Cerita mengenai Bung Tomo, dari pertempuran Surabaya, terjun ke dunia politik periode 1950-an, hingga menjadi tahanan Orde Baru, kami perkaya melalui serangkaian diskusi bersama Bambang Sulistomo (anak kedua Sutomo), sejarawan Rushdy Hoesein, dan Hadidjojo Nitimihardjo (putra Maruto Nitimihardjo, salah satu tokoh Menteng 31).

Kami juga mendatangi sejumlah lokasi yang pernah bersinggungan dengan Sutomo di Surabaya. Di antaranya rumah masa kecil di Tembok Dukuh, markas *Radio Pemberontakan* di Jalan Mawar, dan sebuah gedung tua bekas kantor berita Jepang *Domei*—tempat Sutomo pernah bekerja.

Di tengah pencarian bahan dan reportase, Rushdy menyodorkan koleksi film dokumenter untuk menggambarkan bagaimana pertempuran Surabaya terjadi pada masa itu. Ia juga meminjamkam sejumlah koleksi bukunya tentang Bung Tomo. Pengaruh dan isi pidato Sutomo kami peroleh dari kesaksian Moechtar, bekas Pemimpin Redaksi *Panjebar Semangat*, yang kini menetap di Pucang Asri, Surabaya. Beberapa dokumen lawas di Arsip Nasional Republik Indonesia dan Perpustakaan Nasional yang berkaitan dengan peran Sutomo kami telusuri.

Karakter Bung Tomo sebagai pemimpin terlihat saat berperan melucuti senjata Jepang di gedung Don Bosco—gudang senjata terbesar di Surabaya. Peristiwa itu terjadi beberapa hari sebelum perobekan bendera Belanda.

Bakat kepemimpinan Sutomo ditempa saat pemuda kelahiran Kampung Blauran, Surabaya, ini menjadi aktivis Kepanduan Bangsa Indonesia. Belakangan, Sutomo juga yang mengirim senjata sebanyak empat gerbong kereta dari Surabaya ke Jakarta.

Sutomo membantu Jenderal Soedirman dalam mereorganisasi cikal-bakal Tentara Nasional Indonesia. Ia mengkritik program rasionalisasi angkatan perang yang diusulkan Amir Sjarifuddin. Bung Tomo tak sungkan mengkritik Sukarno, terutama di era Demokrasi Terpimpin. Sutomo juga pernah merasakan apaknya penjara di era Orde Baru karena mengkritik keras kebijakan Soeharto. Pendek kata, kisah hidup Bung Tomo penuh warna.

Sebelum wafat, Sutomo mewanti-wanti kepada keluarganya agar dia tidak dimakamkan di taman makam pahlawan, tapi dikebumikan di tengah rakyat. Setelah melalui proses berliku lebih dari dua dekade, pemerintah menetapkan Sutomo sebagai pahlawan nasional pada 2008.

Sepak terjang Sutomo tentu tidak sempurna. Dalam pidatonya, ia beberapa kali keceplosan mengungkap posisi para pejuang Indonesia sehingga serdadu musuh berhasil mengendus mereka.

Pada puncak pertempuran 10 November 1945, Sutomo tidak berada di Surabaya, tapi di Malang, menghindari kejaran tentara Sekutu. Saat terjun ke dunia politik, partai yang ia dirikan—Partai Rakyat Indonesia—tidak banyak memperoleh dukungan dan hanya mendapatkan dua kursi pada Pemilihan Umum 1955.

Pembaca, edisi kali ini kami susun untuk mengungkai spirit perjuangan Bung Tomo dalam sejarah kemerdekaan Indonesia. Semangat pengorbanannya demi Tanah Air tidak akan pernah ketinggalan zaman.

PENYEBAR WARTA
PALAGAN SURABAYA

SUTOMO berjuang di jalur agitasi dan propaganda. Pidatonya sukses merayu pemuda dan santri dari berbagai pelosok Jawa agar berjibaku di medan laga Surabaya. Dia juga berperan dalam pelucutan senjata Jepang, lalu mengirimkan sebagian besar senjata itu ke Jakarta. Di tengah revolusi pula dia menemukan belahan jiwa. Foto legendaris Bung Tomo yang menjadi simbol Hari Pahlawan bukan dipotret pada pertempuran 10 November 1945.

Bung Tomo pada 1940-an.

DOK. KELUARGA

PROPAGANDA DI PERTEMPURAN SURABAYA

Radio Pemberontakan menjadi ujung tombak agitasi yang membakar semangat rakyat. Sadar pentingnya media elektronik dalam komunikasi massa, pidato Sutomo terdengar hingga Yogyakarta.

Selama banteng-banteng Indonesia masih mempunyai darah merah yang dapat membikin secarik kain putih, merah dan putih, maka selama itu, tidak akan kita mau menyerah kepada siapa pun juga...
Allahu Akbar, Allahu Akbar, Allahu Akbar!

(Bung Tomo, Surabaya, 9 November 1945)

GELEGAR suara itu membuat seisi kota bergerak. Para laskar terus berjuang menghalau tentara Sekutu dari tanah Surabaya. Darah tempur mereka terbakar oleh orasi Bung Tomo yang disemburkan dari sebuah bilik radio di Jalan Mawar, Surabaya. Dari bilik radio itu pula agitasi dan propaganda Sutomo menjadi menu tiap hari warga Surabaya sejak Oktober hingga November 1945.

DOK.DUKUT

Bung Tomo (tengah) bersiap melakukan siaran radio, 1947.

"Pidato itu disiarkan tiap hari pukul setengah enam sore," kata Sulistina, istri Sutomo. Kalau tidak ada radio di rumah, orang menyemut di sekitar tiang pengeras suara yang tersebar di berbagai penjuru Surabaya.

Sutomo menamai radio tersebut *Radio Pemberontakan*. Di buku *Bung Tomo: Dari 10 Nopember 1945 ke Orde Baru*, Bung Tomo memberi nama *Radio Pemberontakan* karena cara radio tersebut didirikan penuh semangat pemberontakan.

Siaran radio itu bermula dari kecemasan Sutomo saat berkunjung ke Jakarta, satu bulan sebelumnya. Dengan mata kepala sendiri, ia menyaksikan pasukan Sekutu bebas menggertak pasukan Indonesia. Bendera Belanda berkibar di tangsi-tangsi militer bekas Jepang. Sukarno-Hatta memilih jalan diplomasi karena pasukan Indonesia tak berdaya dan minim pasokan senjata.

Tidak ingin virus itu menular ke Surabaya, Sutomo ingin agar semangat revolusi warga Surabaya tetap menyala. Apalagi mereka baru memperoleh 60 ribu pucuk senjata hasil rampasan dari gudang Jepang. Salah satu caranya: menjaga semangat rakyat melalui agitasi dan propaganda. Siaran radio itu sekaligus untuk mengingatkan warga Surabaya akan kedatangan Sekutu.

Pulang ke Surabaya, Sutomo mendirikan Barisan Pemberontakan Rakyat Indonesia (BPRI) pada 12 Oktober 1945. Besoknya, *Radio Pemberontakan* disiarkan pertama kalinya. Pembentukan badan dan radio itu terpampang di harian *Soeara Rakjat*, yang terbit besok paginya.

Namun, menjelang siaran, Ketua Komite Nasional Indonesia di Surabaya, Doel Arnowo, dan residen Sudirman belum mengeluarkan izin. Pintu *Radio Surabaya* tertutup bagi Sutomo. Doel baru datang ke stasiun radio setelah dijemput laskar BPRI sekitar pukul 19.30.

Saat pertama kali bersiaran, Sutomo grogi. Ini siaran *live* pertamanya. Dia memulai orasinya dengan basmalah. Pikirannya melayang ke Jakarta. Dia tumpahkan semua sumpah serapah Sekutu kepada Indonesia. "Aku lupa berada di studio sendirian," ujarnya. Ia membayangkan beribu-ribu orang mendengarkan pidatonya.

Keringat membanjiri wajah Bung Tomo setelah pidato usai. Banyak orang menilai pidato Sutomo tidak berbeda dengan Bung Karno. Presiden Sukarno memang menjadi idola Bung Tomo. Sutomo kecil pernah diajak kakeknya, Notosudarmo, mendengar orasi Sukarno di Gedung Nasional Indonesia, Surabaya, pada 1930-an. "Karena itu mungkin dia meniru," kata Sulistina, kini 90 tahun. Ia menambahkan, semua pidato suaminya tidak ditulis. "Ia tidak pernah latihan. Spontan mengalir dari otaknya."

Seusai pidato perdana, Doel Arnowo berpesan agar pemancar *Radio Pemberontakan* dirampungkan secepatnya. Sebab, *Radio Surabaya* hanya untuk siaran resmi. Berkat sentuhan Hasan Basri, tenaga teknik *Antara*, pemancar *Radio Pemberontakan* beroperasi dalam hitungan hari. Dari tengah kota di Jalan Mawar, suara Bung Tomo bisa didengar tiap sore sampai batas kota. Daya pancarnya berlipat ganda setelah Hasan memasang pemancar besar milik Angkatan Laut Jepang—yang rusak saat diboyong.

Sepekan sejak *Radio Pemberontakan* mengudara, *Radio Republik Indonesia* Surabaya, Malang, Solo, dan Yogyakarta me-*relay* siaran agitasi itu tanpa persetujuan pemerintah pusat. "Ini menunjukkan pimpinan RRI sangat nasionalis," ujar Bambang Sulistomo, putra kedua Bung Tomo.

Walhasil, pendengarnya meluas. Pidato-pidato Bung Tomo membuat banyak pemuda Bekasi datang ke Surabaya untuk memperoleh senjata. Dalam orasinya, *arek Suroboyo* ini juga kerap mengajak para santri angkat senjata. Layaknya di pesantren Jawa Timur, dia menyebut ulama sebagai "kiai".

Radio Pemberontakan kian menggebrak setelah K'tut Tantri, yang baru keluar dari penjara Jepang dengan tuduhan mata-mata, bergabung pada awal November 1945. Perempuan Amerika Serikat berdarah Skotlandia itu menyiarkan pidato dalam bahasa Inggris. "*The Indonesians will never accept your term, even if you bomb Surabaya to the ground and kill every woman and child. If you go through with it, you will add black page indeed to British history,*" demikian pernyataan K'tut Tantri pada 9 November 1945, menanggapi ultimatum Sekutu mengenai pelucutan senjata rakyat Surabaya.

Radio Pemberontakan juga menjalankan fungsi jurnalistik. Misalnya saat Muriel Stuart Walker—nama asli K'tut—mewawancarai tentara Belanda yang dijebloskan ke penjara setelah menyamar sebagai tentara Gurkha Inggris dengan menggelapkan wajah.

Saat Sekutu menghujani Surabaya dengan bom pada 10-12 November, K'tut, 47 tahun, bertahan di markas *Radio Pemberontakan* di Jalan Mawar. Adapun Bung Tomo pindah ke Malang dan melakukan siaran dari sana. Menurut K'tut,

Penurunan bendera Belanda di Hotel Oranje, Tunjungan, 19 September 1945.

DOK TEMPO/IPPHOS

Surabaya tidak aman bagi Sutomo. "Tentara Sekutu menjanjikan hadiah besar bagi mereka yang berhasil menangkapnya," ujar K'tut.

Saat Surabaya dibombardir serdadu Inggris, Bung Tomo tidak sekali pun menghentikan orasinya. Pidatonya diputar berulang-ulang. "Darah pasti banyak mengalir. Jiwa pasti banyak melayang. Tetapi pengorbanan kita ini tidak akan sia-sia, Saudara-saudara. Anak-anak dan cucu-cucu kita di kemudian hari, insya Allah, pasti akan menikmati segala hasil perjuangan kita ini," begitulah sekelumit isi pidatonya pada 10 November 1945.

Di tengah pertempuran, Bung Tomo beberapa kali keceplosan membocorkan posisi para pejuang kepada musuh. Pada pertempuran 28-30 Oktober 1945, misalnya, dia memperingatkan markas di Undaan bahwa meriam yang mereka lontarkan *nyasar* ke wilayah kawan. Tanpa banyak cingcong, tentara Sekutu langsung menghajar posisi laskar yang terletak 3,5 kilometer di utara Jalan Mawar itu.

Contoh lain saat rencana Serangan Umum Surabaya, 23 November 1945, terendus Sekutu satu hari sebelumnya. Saat itu tentara dan laskar Indonesia, yang sejak 10 November dalam posisi bertahan, mengambil inisiatif menyerang. Modalnya: tenaga baru dari berbagai sudut Jawa Timur plus barisan santri yang siap mati syahid.

Namun kobaran semangat *Radio Pemberontakan* membuat sekutu, yang sudah menguasai sebagian besar Surabaya, memperkuat seluruh lini pertahanannya. Sejak malam hingga subuh, lontaran mortir dan peluru membuat pasukan Indonesia kocar-kacir. "Posisi kami ketahuan," ucap Soemarsono, 94 tahun, pemimpin Pemuda Republik Indonesia, saat ditemui akhir September lalu. Organisasi yang dipimpinnya merupakan laskar terbesar di Surabaya dengan jumlah anggota 3.500 dan 2.000-an senjata.

Dituduh bikin hancur operasi, Sutomo tidak ambil pusing. "Memangnya saya gila, memberi tahu posisi pasukan kepada musuh," katanya, seperti ditirukan Bambang Sulistomo. Menurut Bambang, tudingan tersebut merupakan ekses dari persaingan antarlaskar yang kerap terjadi pada masa itu.

Meski terjadi pro dan kontra, sulit membayangkan pertempuran Surabaya tanpa pidato berapi-api Sutomo. Menurut sejarawan Rushdy Hoesein, Sutomo jeli memanfaatkan tiga faktor sehingga ia dikenang banyak orang. Salah satunya: ia sadar peran strategis media elektronik dalam komunikasi massa. "Mungkin dia satu-satunya orang yang saat itu menyadari pentingnya radio bagi perjuangan," ujar Rushdy, yang mengenal Bung Tomo saat pergerakan mahasiswa 1966.

Kemampuan berorasi Sutomo, kata Rushdy, tergolong rapi—baik struktur maupun tata bahasanya. Kemampuan pidato itu didapat dari ilmu penyiaran yang ia peroleh saat mengikuti kursus menjadi wartawan *Domei*, badan berita bentukan Jepang yang menjadi cikal-bakal Antara. Yang menjadi ciri khas lainnya, Bung Tomo memulai dan menutup setiap pidatonya dengan lagu *Tiger Shark* karya Peter Hodgkinson asal Inggris, lagu Hawaii yang populer pada masa itu.

Faktor penting lainnya adalah kejelian pidato Sutomo dalam mengutip Resolusi Jihad yang ditelurkan Nahdlatul Ulama pada 22 Oktober 1945. Resolusi itu mengajak kaum santri ikut turun ke medan perang. Ketiga faktor tadi, menurut Rushdy, menjadikan Bung Tomo tokoh sentral dalam agitasi dan propaganda pertempuran Surabaya.

Di mata Rushdy, Sutomo seperti Joseph Goebbels, menteri propaganda Jerman pada Perang Dunia II. Sutomo dan Goebbels sama-sama bertubuh pendek. "Goebbels orangnya kecil, tapi bisa menjadikan Hitler sosok raksasa," katanya. Sedangkan Bung Tomo berhasil memompa perjuangan arek-arek Surabaya.

GEBRAKAN TENGAH MALAM DARI BILITON

Bung Tomo membentuk organ perjuangan baru yang menyempal dari kelompok dominan. Setia pada ideologi politik nasionalis.

SOEMARSONO seperti belum bisa berdamai dengan masa lalu. Dia terlihat emosional jika teringat kiprah Bung Tomo membentuk Barisan Pemberontakan Rakyat Indonesia (BPRI) pada pertengahan Oktober 1945 di Surabaya.

"Sutomo mendirikan badan perjuangan baru. Dia punya massa dan mau menyaingi PRI," kata pria 94 tahun itu kepada *Tempo*, akhir September 2015, di Jakarta.

Soemarsono punya ganjalan dengan Bung Tomo. Kader militan Partai Komunis Indonesia ini salah satu pendiri sekaligus Ketua Pemuda Republik Indonesia (PRI), organisasi terbesar penghimpun pemuda berskala nasional menjelang pertempuran bersejarah 10 November 1945. Lahir di Surabaya, 21 September 1945, seusai pengumuman kekalahan Jepang pada 24 Agustus, menurut Soemarsono, PRI menaungi 60 ribu anggota resmi dari 17 organisasi lokal dan etnis di seluruh Nusantara.

Itu sebabnya dia tak rela muncul organisasi serupa. Apalagi ketika itu Bung Tomo masih anak buah Soemarsono, sebagai Ketua Bidang Penerangan PRI. Ketidaksukaan Soemarsono terekam dalam bukunya, *Revolusi Agustus: Kesaksian Seorang Pelaku Sejarah*, yang terbit 2008. Menurut dia, Bung Tomo belum punya pengikut signifikan di kalangan pemuda Surabaya waktu itu, tapi merasa pengaruhnya besar. "Akhirnya Sutomo mendirikan organisasi baru, BPRI."

Bung Tomo, yang setahun lebih tua ketimbang Soemarsono, diam-diam berembuk dengan sejumlah teman dekatnya. Rapat pematangan digelar di sebuah rumah di Jalan Biliton 7 pada 12 Oktober 1945. Hadir Bung Tomo, Sumarno, Asmanu, Abdullah, Amiadji, Sudjarwo, dan Suluh Hangsono. Rapat hingga larut malam itu melahirkan BPRI. Pembentukannya diumumkan lewat koran *Soeara Rakjat* edisi esok harinya, 13 Oktober 1945.

Para pendiri berpikir bahwa perlu organ perjuangan rakyat di Surabaya untuk menyokong diplomasi pemimpin Republik, Sukarno-Hatta, dengan pihak Sekutu. Dalam buku *Bung Tomo: Dari 10 Nopember 1945 ke Orde Baru* (1982), BPRI disokong para tukang becak, penjual makanan, dan orang-orang kampung.

Pemilahan pendukung ini rupanya sengaja dimunculkan sebagai pembeda dengan PRI. Soemarsono pun bercerita bahwa Bung Tomo pernah menjelaskan kepada para pucuk pimpinan PRI bahwa BPRI tak akan mengkanibal PRI.

PRI dihuni laskar pemuda di bawah 30 tahun, terutama yang pernah melawan Jepang dalam masa pendudukan 1942-Agustus 1945. Soemarsono berusia 24 tahun waktu itu. Sedangkan BPRI mengambil ceruk lain: tukang becak, penjual makanan, pedagang kecil, buruh bangunan, dan orang-

DOK. PERPUSTAKAAN

Bung Tomo berbicara dalam rapat BPRI di Yogyakarta, 1948

orang kampung kebanyakan tanpa ada embel-embel batasan usia. "Saya biarkan. Jadi dia Ketua Penerangan PRI juga Ketua BPRI," ujar Soemarsono.

Namun anak kedua Bung Tomo, Bambang Sulistomo, punya cerita lain. Dia menuturkan, ayahnya dan rekan-rekannya sengaja mendirikan BPRI agar memiliki organisasi yang menjadi alat perjuangan sekaligus mengorganisasi kekuatan massa. "Bapak tak suka dengan perundingan, tidak suka diplomasi," kata Bambang kepada *Tempo*, medio Oktober 2015.

Bahkan, Bambang meneruskan, menurut ibunya, Bung Tomo dan teman-temannya menganggap PRI dan pemerintah di bawah Sukarno-Hatta kurang revolusioner dalam menyikapi penjajah yang ingin berkuasa lagi di Indonesia. "Belanda mau datang kok kurang cepat menanggapi."

William H. Frederick dalam bukunya, *Pandangan dan Gejolak: Masyarakat Kota dan Lahirnya Revolusi*

Indonesia (Surabaya 1926-1946) terbitan 1989, menuturkan hal serupa. Menurut dia, kelahiran BPRI dipicu anggapan bahwa pemimpin PRI kurang peka dalam menanggapi meningkatnya gelegak warga kampung untuk memperjuangkan kemerdekaan.

Mereka pun dinilai kurang menaruh perhatian pada "perpecahan" berupa terbentuknya beraneka kelompok berdasarkan golongan di kampung-kampung. Ada kelompok pemuda, orang tua, pedagang asongan, atau tukang becak.

Menjelang pertengahan Oktober 1945, PRI justru mengendurkan rangkulan terhadap massa kota. PRI dituding takut melangkah dan tak lincah lagi. Itu sebabnya Bung Tomo mengumpulkan segelintir kawannya yang sebagian pernah bertempur melawan Jepang, lalu mendirikan BPRI.

Kelompok Bung Tomo pun sengaja memberi nama organ baru itu mirip dengan PRI tapi dengan napas yang baru dan lebih garang. "Pemberontakan" dipilih untuk menggantikan "Pemuda", lalu "Rakyat" menggantikan "Republik". Bung Tomo juga mendeklarasikan BPRI sebagai kelompok ekstremis yang haus darah penjajah. Dengan cepat BPRI mendulang simpati dari kaum muda, apalagi dengan munculnya *Radio Pemberontakan* besutan Bung Tomo, yang bermarkas di Jalan Mawar.

Belakangan, BPRI merambah ke seluruh Indonesia dengan anggota mencapai 3,3 juta orang—begitu berdasarkan buku *Pertempuran Surabaya* (1985). Namun Soemarsono memperkirakan jumlah anggota BPRI jauh lebih sedikit. "Yah, 1 batalion 500 orang," ucapnya. Berbeda dengan penjelasan Soemarsono, Frederick menyebutkan bahwa Bung Tomo tak lagi bernaung di bawah PRI setelah mendirikan BPRI.

Laskar PRI jelas berang terhadap manuver Bung Tomo. PRI sudah memiliki posisi emosional dan politis yang tinggi di kalangan rakyat Surabaya. PRI adalah satu-satunya organisasi laskar pemuda yang menaungi semua organisasi pemuda yang muncul sebelumnya.

Dua hari setelah PRI berdiri, Soemarsono didapuk memimpin Angkatan Muda Indonesia (AMI), yang sebelumnya dipimpin Roeslan Abdulgani, tokoh pemuda nasionalis senior yang sudah memiliki lobi nasional. AMI bentukan Jepang yang tugasnya membuat organisasi pemuda yang solid untuk menyongsong kemerdekaan. Nah, kelahiran PRI yang begitu gegap-gempita dan memperoleh dukungan rakyat menjadi alasan para pemimpin AMI untuk menuntaskan pekerjaan sekaligus membubarkan organisasi.

Dalam acara pertemuan sekitar 300 pemuda di Gedung Nasional Indonesia, Jalan Blauran, Roeslan menyerahkan kursi ketua kepada Soemarsono. Secara aklamasi para peserta setuju mengangkat pemimpin baru. "Alasannya karena Roeslan sudah tua. Waktu itu dia umurnya 31 tahun," kata Soemarsono.

Tak tanggung-tanggung, para pemimpin teras AMI, termasuk Bung Tomo yang menjabat Ketua Bidang Penerangan, dan sekretaris Bambang Kaslan, masuk ke pengurus pusat PRI dengan jabatan yang sama. "Mereka menyatakan bersedia menjadi pengurus PRI," ucap Soemarsono. Tapi, belum genap satu bulan, Bung Tomo sudah mendeklarasikan BPRI.

Rupanya, ada alasan ideologis di balik manuver Bung Tomo membentuk BPRI, ketimbang sekadar dugaan adanya urusan eksistensi pejuang. Menurut Soemarsono, Bung Tomo berideologi nasionalis yang antikomunis. "Sutomo bukan PKI. Bahkan dia enggak suka sama PKI," ujar Soemarsono. "Bung Karno nasionalis, tapi pemikirannya kiri." Itulah sebabnya Bung Tomo mendirikan BPRI lantaran PRI dikuasai kaum komunis.

PRI bukan satu-satunya organ pemuda yang dipimpin komunis. Angkatan Pemuda Indonesia (API) yang dibentuk pada 1 September 1945 di Menteng 31, Jakarta, juga dipimpin kader PKI semacam Wikana dan D.N. Aidit. API memainkan peran penting dalam berbagai aksi perebutan perusahaan Belanda, di antaranya Perusahaan Jawatan Kereta Api.

PKI juga yang mengirim Soemarsono dari Jakarta untuk menggalang kekuatan rakyat di Surabaya pada akhir Agustus, setelah proklamasi kemerdekaan. Tapi gerakan Soemarsono dan kawan-kawan sengaja dikaburkan dari kaitan dengan PKI, agar jika terjadi sesuatu tak berimbas pada partai. "Sutomo kurang suka sama saya karena saya dilihat sebagai PKI," kata Soemarsono.

Bambang Sulistomo membenarkan jika ayahnya disebut berhaluan nasionalis sejak remaja. Bung Tomo dekat dengan Roeslan Abdulgani, lalu ikut bergabung dengan AMI. Dalam aksi-aksi politik, Roeslan juga kerap berseberangan dengan kelompok komunis yang dipimpin Soemarsono.

Ditawan Bekas Laskar Seperjuangan

GEBRAKAN Sutomo mendirikan Barisan Pemberontakan Rakyat Indonesia (BPRI) berbuntut panjang. Siang itu, pertengahan Oktober 1945, sekelompok pemuda bersenjata laras panjang mengepung rumah Bung Tomo di Tembok Dukuh, Surabaya. Hilmi, pemimpin kelompok itu, menyelonong masuk ke rumah. Ia salah satu pentolan Pemuda Republik Indonesia (PRI).

Sutomo saat itu sedang makan siang. Mereka meminta Bung Tomo ikut ke markas Pemuda Republik Indonesia. Tuan rumah menolak dengan alasan harus memimpin pertemuan Barisan Pemberontakan petang harinya. Hilmi mengancam. "Kalau dengan cara halus Saudara tidak suka, saya terpaksa akan mengambil jalan kekerasan!" ujar Hilmi. Tak lama kemudian, truk membawa Bung Tomo menuju Simpang, Tunjungan.

Dengan todongan bayonet, Bung Tomo masuk ke ruang tahanan. Di dekatnya ada seorang dokter yang diinterogasi dengan tuduhan mata-mata. Dari jendela, dia melihat puluhan tawanan Belanda disiksa. Bayangan maut melintas di pikirannya. "Mungkin aku sendiri akan mendapatkan giliranku," katanya seperti dikutip dalam buku *Bung Tomo: Dari 10 Nopember 1945 ke Orde Baru*.

Di titik ini sejarah terbagi dua: versi Bung Tomo dan pengakuan Soemarsono, pemimpin Pemuda Republik Indonesia. Menurut Soemarsono, mundurnya Sutomo dari PRI, lalu mendirikan BPRI pada 12 Oktober 1945, menimbulkan keresahan di kalangan pemuda. "Sebagian dari kami menganggap dia memecah belah kekuatan pemuda," ujar Soemarsono di kediaman putrinya di Pondok Indah, Jakarta Selatan, akhir September 2015.

Tapi Soemarsono mengaku terkejut atas tindakan Hilmi dan kawan-kawan. "Tahu-tahu Sutomo digelandang masuk ke ruangan saya," ujarnya. Menurut Soemarsono, penangkapan itu murni inisiatif anak buahnya.

Biasanya, kata gubernur militer Partai Komunis Indonesia saat geger Madiun 1948 ini, laskar akan menghabisi orang yang dianggap bertentangan dengan pemikiran mereka. Namun, karena Bung Tomo bekas teman seperjuangan, mereka membawanya ke Soemarsono. "Dia jongkok di depan saya, minta tolong supaya dibiarkan hidup," ujar pria yang kini 94 tahun itu.

Di depan pasukannya, Soemarsono meminta Sutomo dibebaskan. "Dia tidak menyalahi apa-apa," ucapnya. Aksi Sutomo mendirikan BPRI, kata Soemarsono, bukan untuk memecah belah pemuda, melainkan mengorganisasi kelompok lain, seperti tukang becak.

PRI saat itu adalah laskar terbesar di Surabaya. Kekuatannya 3.500-an orang dengan lebih dari 2.000 senjata. Soemarsono salah satu aktor pertempuran Surabaya.

Bung Tomo berkata lain. Dalam bukunya, Sutomo mengatakan Soemarsono tidak ada di sana. "Saya dibiarkan sendirian lebih dari tiga jam," katanya. Untuk menghibur diri, dia memakan cokelat yang ia peroleh dari tumpukan makanan hasil rampasan milik Sekutu.

Beberapa menit menjelang magrib, datang panggilan telepon dari markas tentara Jawa Timur. Roestam Zein, Kepala Bagian Penyelidikan BPRI, menanyakan status penahanan Bung Tomo. Sejurus kemudian, dia menutup telepon sembari tertawa. "Ada salah paham," kata Roestam.

Ternyata dokter Moestopo, penguasa militer Jawa Timur, meminta PRI mengawal Bung Tomo. Sebab, pidato-pidatonya membuat kuping Sekutu merah. Perintah Moestopo: lindungi Sutomo. Namun laskar pemuda salah tafsir. Saat itu kata "melindungi" banyak ditujukan untuk orang Belanda atau mereka yang dicurigai kaki tangan Belanda. Istilah itu bentuk halus dari menangkap.

Menurut Bambang Sulistomo—putra kedua Bung Tomo—rivalitas antara Soemarsono dan ayahnya sesuatu yang tak terelakkan. Bambang mengaku kerap sowan ke Soemarsono saat sesepuh itu pulang ke Indonesia. Soemarsono saat ini lebih sering menetap di Australia. "Dia adalah pejuang seperti Bapak, sehingga saya menganggapnya bapak sendiri," kata Bambang.

TEMPO/ ADITIA NOVIANSYAH

Soemarsono

PEKIK REVOLUSI DARI JALAN MAWAR

Orasi Bung Tomo di radio ikut membakar semangat tempur *arek Suroboyo*. Namun kiprahnya tamat di tangan Sukarno.

NADA-NADA akustik dari lagu *Tiger Shark* ciptaan Peter Hodgkinson mengalun ritmis selepas kumandang azan magrib, pertengahan Oktober 1945. Sesaat rekaman musik grup The Hawaiian Islander itu diputar, arek-arek Suroboyo langsung mendekat ke corong pengeras suara yang tergantung di kampung-kampung.

Di pengujung lagu, terdengar suara pria memekikkan takbir dan salam dengan menggelegar. "Allahu Akbar! Allahu Akbar! Allahu Akbar! Merdeka!" teriak pria itu di ujung siaran radio. Lalu berhamburanlah jargon politik dan retorika pengobar semangat perjuangan. Ya, inilah pidato yang selalu ditunggu-tunggu warga Surabaya demi menjaga semangat perjuangan mereka.

Empunya suara bariton itu tak lain ialah Sutomo alias Bung Tomo. Dia menggemakan pidato revolusinya melalui siaran *Radio Pemberontakan*. Detik-detik siaran radio itu diceritakan kembali oleh Bambang Sulistomo, putra Bung Tomo, akhir Oktober 2015. "Radio tersebut mengudara untuk menyerang balik propaganda tentara Sekutu," dia berujar.

Cikal-bakal *Radio Pemberontakan* sebetulnya tak lepas dari bantuan Moestopo, Ketua Badan Keamanan Rakyat Jawa Timur saat itu. Prajurit pimpinan Moestopo sukses menyita transmiter radio dari tangan Jepang dan menghibahkannya kepada Bung Tomo.

Moestopo pula yang menyarankan Bung Tomo menyembunyikan pemancar ke Tegalsari untuk menghindari pelacakan Sekutu. Saat pemancar bergelombang pendek 34 meter itu dipindahkan, Bung Tomo merasa perlu memodifikasinya agar jangkauan sinyal lebih luas. Ia lalu meminta bantuan Hasan Basri, Ali Oerip, dan Soemedi—teknisi radio sekaligus anggota Barisan Pemberontakan Rakyat Indonesia (BPRI) yang dibentuk Bung Tomo—untuk menyempurnakan pesawat radio.

Berbekal transmiter sederhana atau biasa disebut *zender* itu, orasi Bung Tomo lewat *Radio Pemberontakan* resmi mengudara pada 15 Oktober 1945. Dia memakai sebuah rumah bergaya limasan Jawa Timur di Jalan Mawar Nomor 10, Surabaya, sebagai markas. Sebelumnya propaganda melawan Sekutu disiarkan melalui pemancar milik Radio Surabaya, yang lokasinya di Jalan Simpang.

Dari markas di Jalan Mawar, siaran *Radio Pemberontakan* dikendalikan. *Radio Republik Indonesia* pun tak ketinggalan menyiarkan ulang orasi Bung Tomo ke kota besar lain, seperti Malang, Solo, dan Yogyakarta. "*Relay* dari *RRI* itu membuat Bung Tomo merasa pidatonya direspons baik oleh rakyat," ucap Bambang.

TEMPO/ARIS NOVIA HIDAYAT

Rumah bekas markas Radio Pemberontakan di Jalan Mawar Nomor 10, Surabaya.

Rumah di Jalan Mawar sebenarnya milik seorang warga bernama Amin, yang membeli griya seluas 15 x 30 meter itu dari pejabat kolonial Belanda pada 1927. Saat itu dia bekerja sebagai pegawai perkebunan milik kompeni. "Bapak beli rumah ini dengan kondisi kosongan tanpa perabot," kata anak perempuan Amin yang enggan namanya dikutip dan kini menghuni rumah tersebut.

Berdasarkan penuturan ayahnya, anak perempuan Amin menyebutkan Bung Tomo kerap berpidato di atas bubungan rumah berbentuk segitiga. "Mungkin agar frekuensi radionya lancar," ucapnya.

Markas radio di Jalan Mawar juga pernah disinggahi Sukarno-Hatta, yang ditemani Menteri Penerangan Amir Sjarifuddin, pada 30 Oktober 1945. Menurut Soemarsono dalam buku *Revolusi Agustus*, dia pernah diajak Sukarno-Hatta-Amir ke markas *Radio Pemberontakan* untuk menyiarkan gencatan senjata. "Saya juga ikut menyerukan berhenti tembak-menembak," ujar Soemarsono, yang kala itu menjadi Ketua Pemuda Republik Indonesia dan ikut berperang melawan Sekutu.

Denyut revolusi di markas *Radio Pemberontakan* bukan sekadar siaran. K'tut Tantri, perempuan Amerika Serikat keturunan Skotlandia yang membantu Bung Tomo menyiarkan pidato dalam bahasa Inggris, menghabiskan waktu di sela siaran di Jalan Mawar dengan membuat poster untuk gerilyawan. "Saya membuat slogan perjuangan ketika radio tak beroperasi di siang hari," ucap perempuan yang aslinya bernama Muriel Stuart Walker itu dalam buku *Revolt in Paradise.*

Di markas *Radio Pemberontakan* itu juga K'tut Tantri pernah ditegur Bung Tomo. Penyebabnya, K'tut memesan spanduk bertulisan "*Abraham Lincoln Walks Again in Indonesia*". Tatkala pesanan spanduk itu jadi, slogannya berubah menjadi "*Abe Walks Again in Indonesia*". Abe ialah nama panggilan Lincoln. "Saya terpikat lantaran Lincoln dikenal di Indonesia," tuturnya.

Tak disangka Bung Tomo merobek spanduk itu. Dia juga meminta nama Abraham Lincoln tak ditulis dengan nama panggilan. "Abe terdengar seperti nama dalam kartun Amerika," kata Bung Tomo seperti ditulis K'tut Tantri di bukunya. "Tindakan tak terpuji meringkas nama seorang tokoh sebesar Lincoln," ujar Bung Tomo.

Kiprah *Radio Pemberontakan* di Jalan Mawar meredup seiring dengan pecahnya perang antara Sekutu dan *arek Suroboyo* sebagai buntut terbunuhnya Brigadir Jenderal A.W.S. Mallaby. Surabaya dihujani meriam dan peluru pasukan Sekutu pada 10 November 1945.

Area sekitar markas *Radio Pemberontakan* tak luput dari bombardir meriam. Menurut K'tut Tantri, hanya ada tiga orang yang berada di dalam markas radio saat pasukan Sekutu menggempur Surabaya. Dia dan seorang pekerja keturunan Arab selamat karena berlindung di ruang siaran. Sedangkan penyiar berkebangsaan India tewas tertusuk pecahan mortir saat berlari mencari perlindungan ke toilet.

Beberapa hari setelah pertempuran, markas radio di Jalan Mawar ditutup. Pusat siaran dipindahkan ke Bangil, sekitar 60 kilometer di sisi tenggara Surabaya. "Bung Tomo tetap datang ke Bangil dua kali dalam sepekan untuk berorasi," tutur K'tut.

Konsisten mengudara hingga 1947, kiprah radio ini tamat manakala Sukarno—yang mendapat bisikan dari Wakil Perdana Menteri Setiadjit—memerintahkan penghentian siaran. Bung Tomo dalam bukunya, *Dari 10 Nopember 1945 ke Orde Baru*, menuturkan instruksi itu berkaitan dengan upaya pemerintah menciptakan suasana damai di tengah perundingan dengan Belanda. "Orasi Bung Tomo dinilai berseberangan dengan kemauan Bung Karno, yang mengedepankan diplomasi," kata sejarawan Dukut Imam Widodo.

Meski pemerintah menyetop aksi *Radio Pemberontakan*, pemancarnya masih dipakai saat Agresi Militer Belanda II pada 1948. Di bawah komando Mohammad Jasin, yang memimpin Mobiele Brigade Polisi Jawa Timur, Radio Gerilya mengudara. "Pusat Kepolisian Indonesia yang terakhir memakai pemancar *Radio Pemberontakan*," tulis Bung Tomo di buku *Dari 10 Nopember 1945 ke Orde Baru*.

Kini rumah di Jalan Mawar tak banyak mengalami perubahan dibanding saat jadi markas *Radio Pemberontakan*. Hanya, hunian bercat putih itu kini terbagi menjadi dua bagian: bangunan utama dan bangunan kecil berpilar ganda.

Bangunan yang lebih kecil dikontrakkan anak perempuan Amin. Majalah *Gatra* sempat berkantor di sana 15 tahun silam. Perusahaan rental mobil juga pernah menyewa selama setahun sejak 2008. Tak ada satu pun memorabilia milik Bung Tomo ataupun pasukan BPRI saat siaran di rumah itu yang tersisa. "Langsung *diringkesi,*" ujar anak perempuan Amin merujuk pada perpindahan *zender* ke Bangil.

Satu-satunya penanda rumah itu merupakan situs penting dalam pusaran sejarah pertempuran Surabaya hanya secarik kertas kuning kusam. Isinya keputusan Pemerintah Kota Surabaya yang menetapkan rumah itu sebagai bangunan cagar budaya. Sejak 2008, layang itu setia menempel di tembok teras rumah hingga sekarang.

REBUT ARSENAL BERBEKAL KARTU PERS

Pemuda Surabaya merebut gudang senjata milik Jepang. Di depan Bung Tomo, mayor Jepang menitikkan air mata.

GEDUNG tua Panti Asuhan Don Bosco berdiri anggun di Jalan Raya Tidar, Surabaya. Dua salib besar menghiasi dinding luarnya. Halamannya asri. Pepohonan rindang sedikit mengusir hawa panas ibu kota Provinsi Jawa Timur itu pada Sabtu pekan ketiga, Oktober 2015. Berjarak dua kilometer ke arah barat dari jantung Kota Surabaya, gedung ini menampung seratusan anak asuh.

Bangunan berarsitektur Belanda yang berdiri sejak 1937 ini merupakan saksi sejarah arek-arek Surabaya bertempur melawan tentara Sekutu pada 10 November 1945. Di tempat ini, Bung Tomo bersama rakyat Surabaya merebut senjata dari Jepang. Gedung Don Bosco adalah panti asuhan yang didirikan Belanda. Begitu Jepang menduduki Indonesia, gedung dalam kompleks seluas 4,5 hektare itu dijadikan gudang senjata.

Pengelola Yayasan Don Bosco Surabaya, Louis Wignya Karyana, 73 tahun, masih ingat, hingga 1950-an, rongsokan jip, truk, sepeda motor, dan sespan menumpuk di halaman belakang gedung. Ketika masih bocah, Louis tinggal di Panti Asuhan Don Bosco. Ia juga masih ingat dulu ada bunker besar di situ. "Kini bagian depan bunker sudah dibongkar untuk pengembangan sekolah di kompleks itu," kata Louis.

Des Alwi dalam buku *Pertempuran Surabaya November 1945* mengisahkan perebutan senjata di Don Bosco bermula dari tidak mau menyerahnya Jepang padahal kemerdekaan Republik Indonesia telah diproklamasikan pada 17 Agustus 1945. Bung Tomo, yang memimpin Barisan Pemberontakan Republik Indonesia (BPRI), berkoordinasi dengan pejuang yang tergabung dalam Pemuda Rakyat Indonesia, dan Badan Keamanan Rakyat yang telah berubah menjadi Tentara Keamanan Rakyat.

Menurut Des Alwi, Jepang justru melucuti senjata pejuang Indonesia yang tergabung dalam tentara Pembela Tanah Air (Peta), sebelum Peta dibubarkan. Peta adalah kesatuan tentara yang didirikan oleh Jepang yang anggotanya orang Indonesia. Ada gelagat, Jepang juga akan melucuti senjata pejuang Indonesia yang tergabung dalam Polisi Istimewa. Ketika itu, kesatuan yang memiliki senjata hanya Polisi Istimewa, yang kini bernama Brigade Mobil.

Kepala Polisi Istimewa Jawa Timur Moehammad Jasin mengetahui ihwal itu. Padahal sebagian besar arek Surabaya tak punya senjata api. Mereka banyak menggunakan senjata tradisional seperti bambu runcing, pedang, dan celurit. "Pemuda Surabaya perlu senjata api," kata Des Alwi dalam bukunya.

Gudang senjata di gedung Don Bosco inilah yang menjadi sasaran utama arek Surabaya. Pada 16 September 1945, mereka berusaha merebut senjata milik Jepang. Ketika itu tangsi ini dikuasai oleh kesatuan Jepang bernama Dai 10360 Butai Kaisutiro Butai. Kesatuan ini dipimpin Mayor Hashimoto. Ia memiliki personel orang Jepang 16 orang dan satu peleton atau sekitar 50 orang anggota Heiho, suatu kesatuan tentara bantu. Pasukan Heiho beranggotakan orang Indonesia.

Gudang ini juga punya 150 karyawan sipil yang sebenarnya sudah diberhentikan sejak Jepang menyerah kepada Sekutu pada pertengahan Agustus 1945. Tapi ketika itu karyawan sipil ini masih dipekerjakan untuk menginventarisasi senjata. "Pemuda dan rakyat Surabaya mengepung gedung itu," kata Des Alwi.

Bung Tomo dalam buku *Dari 10 Nopember 1945 ke Orde Baru* mengisahkan pemuda dan rakyat Surabaya yang datang ke gedung Don Bosco sekitar seribu orang. Ketika menemui Hashimoto, Bung Tomo menunjukkan kartu pers sebagai wartawan yang bekerja untuk media massa Jepang, *Domei*. Sedikit-sedikit, Bung Tomo bisa berbahasa Jepang.

Bung Tomo menggambarkan, ketika sampai di gedung Don Bosco, tentara Jepang telah siaga untuk menyerang pejuang Indonesia. Misalnya, ada banyak tentara Jepang ambil posisi di bawah truk yang parkir di depan gedung. Banyak juga tentara Jepang yang bersiaga sembari memanjat pohon di sekitar gedung. "Mereka menanti perintah komandan," kata Bung Tomo.

Bung Tomo bersama pemuda Surabaya lainnya yang bernama Subianto Notowardojo dan Mamahit menemui Hashimoto agar menyerahkan senjata itu. Rupanya, Hashimoto tidak mau menyerahkan begitu saja. Bung Tomo mengakui sesungguhnya ketika itu ia galau. Ia merasa posisinya terjepit di antara sikap tentara Jepang yang ia nilai keras kepala dan rakyat Surabaya yang marah. Bung Tomo sadar, jika tentara Jepang menarik pelatuk, Surabaya banjir darah.

TEMPO/ARIS NOVIA HIDAYAT

Panti Asuhan Don Bosco di Surabaya saat ini.

Menurut Bung Tomo, rakyat Surabaya yang marah dapat ditenangkan oleh seorang kakek tua berjenggot uban. Dalam bukunya, ia tidak menyebutkan nama sang kakek. Ia menggambarkan kakek tua ini menyerukan kata-kata bijak kepada rakyat Surabaya yang amarahnya telah sampai ke ubun-ubun. "Kakek ini minta rakyat Surabaya percaya kepada saya, yang sedang berunding dengan Jepang," kata Bung Tomo dalam bukunya.

Perundingan Bung Tomo dengan Hashimoto berjalan alot. Yang membuat alot, menurut Bung Tomo, Hashimoto tak mau menyerahkan pedang samurai miliknya. Hashimoto menyebutkan pedang itu pusaka dari leluhurnya di Jepang. Bung Tomo menggambarkan, pedang panjang ini bersarung perunggu berukir dan bertangkai gading. Sembari menitikkan air mata, kata Bung Tomo, Hashimoto akhirnya meletakkan pedang di atas meja untuk ia serahkan kepada rakyat Surabaya.

Ketika itu Bung Tomo juga membawa keris pusaka miliknya. Melihat adegan Hashimoto menyerahkan pedang, Bung Tomo menekan kerisnya ke dada sebagai tanda hormat. "Saya berdoa kepada Allah untuk tidak pernah menyerahkan keris pusakaku kepada orang lain akibat kalah," kata Bung Tomo.

Mereka kemudian menyiapkan naskah serah-terima arsenal yang ditandatangani Hashimoto dan Jasin. Bung Tomo menjadi saksi penyerahan itu. Saking banyaknya senjata di gudang Don Bosco, Des Alwi menggambarkan, jumlahnya tak terhitung. Bahkan, kata Des Alwi, Bung Tomo mengirimkan empat gerbong kereta api senjata rampasan dari gedung Don Bosco kepada pejuang Indonesia di Jakarta.

Berhasil merebut senjata di Don Bosco, arek Surabaya juga menyita senjata Jepang di sejumlah tangsi lain, di antaranya di Gunungsari, di kawasan selatan Surabaya. Pemuda Surabaya mendapatkan setidaknya 100 senjata. Di gudang senjata milik Jepang lainnya, masih di Gunungsari, pemuda Surabaya mengambil 400 pucuk karabin dan 14 pucuk pistol Vickers.

Des Alwi memberi catatan, ada yang menyatakan sebenarnya jenis pistol yang diambil adalah Luger buatan Jerman. Tapi pejuang saat itu telanjur mengenalnya sebagai pistol Vickers. Ada juga 50 mortir serta 30 senapan mesin ringan dan berat. Dari Gunungsari, arek Surabaya menyita senjata milik Jepang lainnya.

Peristiwa merebut gudang senjata Jepang yang dimulai dari gedung Don Bosco ini dikenang kembali oleh istri Bung Tomo, Sulistina, yang ditemui *Tempo* di rumahnya di kawasan Kota Wisata Cibubur, Kabupaten Bogor, pertengahan Oktober lalu. Ia kagum terhadap keberanian Bung Tomo dan rakyat Surabaya dalam perebutan gudang senjata itu. Sebab, taruhannya adalah nyawa Bung Tomo dan rakyat

Surabaya. “Andai Jepang memberondong, mati semua mereka,” kata Sulistina.

Sukses melucuti senjata Jepang di Surabaya, Bung Tomo berangkat ke Jakarta pada awal Oktober. Di Ibu Kota, ia sempat bertemu dengan Ketua Komite Nasional Indonesia (KNI) Kasman Singodimedjo. Dalam pertemuan dengan sejumlah tokoh KNI itu, Sutomo mengisahkan kegemilangan Surabaya melucuti senjata Jepang. “Setiap penyerahan senjata harus ditandatangani oleh polisi dan wakil pemerintahan Indonesia di daerah,” tutur Sutomo.

Ia lalu menyodorkan sejumlah usul. Salah satunya, Menteri Dalam Negeri dan Ketua Komite Nasional Pusat harus segera memberi perintah kepada semua residen dan kepala polisi agar menjalin kontak dengan komandan tentara Jepang di daerah. Lalu serah-terima senjata dan perlengkapan lainnya harus ditandatangani oleh kepala daerah dan polisi. Usul Sutomo itu diterima sidang tanpa ada bantahan.

PENERIMA IJAZAH SANG KIAI

Dekat dengan pendiri Nahdlatul Ulama. Teriakan takbir dalam setiap pidatonya membakar semangat jihad arek Surabaya.

RUMAH tua bercat dominan hijau itu terawat apik. Pintu dan jendela besar berpadu serasi dengan ukiran kayu. Susunan rapi batu tua menjadi alas rumah di Jalan Bubutan VI Nomor 2, Surabaya, itu. Bangunan berarsitektur campuran Belanda, Cina, dan Jawa ini adalah bekas Hoofdbestuur Nahdlatoel Oelama atau Kantor Pusat Pengurus Besar Nahdlatul Ulama. Di sinilah organisasi itu berdiri pada 1926.

Gedung ini juga menjadi saksi sejarah lahirnya Resolusi Jihad pada 22 Oktober 1945. Setelah masuk ruang tamu pada bangunan ini, ada aula berukuran sekitar 10 x 6 meter. Bendera Merah Putih menancap pada dudukan kayu. Ada juga bingkai ukuran besar yang memuat foto Kiai Haji Hasyim Asy'ari, pendiri NU. "Di ruangan ini para kiai mengeluarkan Resolusi Jihad," kata Slamet, pengelola gedung itu, pada Jumat pekan kedua Oktober 2015.

Kini gedung itu berfungsi sebagai Kantor Pengurus Cabang NU Kota Surabaya. Sejak 1950-an, Kantor PB NU berpindah dari Surabaya ke Jakarta. Resolusi Jihad merupakan bagian penting dari Pertempuran 10 November 1945 di Surabaya. Choirul Anam, penulis buku Pertumbuhan dan Perkembangan NU, mengatakan Resolusi Jihad menambah semangat arek Surabaya. Sebab, melawan penjajah Belanda adalah jihad. Bung Tomo ikut menggelorakan semangat jihad itu dengan cara meneriakkan "Allahu Akbar" setiap membuka dan menutup pidatonya.

Resolusi ini lahir ketika Rais Akbar NU Hasyim Asy'ari memanggil konsul NU se-Jawa dan Madura untuk rapat besar di gedung itu pada 21 dan 22 Oktober 1945. Sebelumnya, pada 17 September 1945, Hasyim Asy'ari secara pribadi telah mengeluarkan fatwa jihad yang intinya sama dengan Resolusi Jihad. Isinya adalah mempertahankan proklamasi kemerdekaan 17 Agustus 1945, pemerintah Republik Indonesia sebagai pemerintah yang sah wajib dibela, dan jihad melawan Belanda merupakan kewajiban bagi setiap orang Islam.

Choirul Anam mengatakan teks Resolusi Jihad dikirimkan kepada Presiden Sukarno dan Panglima Tentara Keamanan Rakyat Jenderal Soedirman. Teks Resolusi Jihad juga dimuat di koran berpengaruh saat itu, di antaranya *Kedaulatan Rakyat* Yogyakarta. Kelahiran Resolusi Jihad inilah yang oleh kalangan NU dijadikan dasar sebagai Hari Santri Nasional.

William H. Frederick dalam buku *Pandangan dan Gejolak: Masyarakat Kota dan Lahirnya Revolusi Indonesia (Surabaya 1926-1946)* menyebutkan teriakan Allahu Akbar oleh Bung Tomo dalam memulai dan mengakhiri pidato

DOK. KELUARGA

Berpidato di depan rakyat Jawa Timur, 1950-an.

merupakan hal yang diperhitungkan. Teriakan itu berguna untuk menarik perhatian orang Islam Surabaya, yang oleh Bung Tomo dianggap sangat kuat tapi belum terjaring dalam gerakan melawan penjajah.

Menurut Frederick, Bung Tomo memiliki hubungan khusus dengan kelompok Islam. Di Surabaya, ia memperoleh kepercayaan dan dukungan dari KH Wahid Hasyim, anak Hasyim Asy'ari. Posisi Hasyim Asy'ari ketika itu adalah tokoh NU yang masuk Partai Masyumi sebagai salah satu ketua. Ketika itu NU belum memisahkan diri dari Masyumi. Bung Tomo mengatakan telah mengenal Wahid Hasyim pada 1944 dalam sebuah wawancara. Menurut Frederick, Bung Tomo penganut Islam yang taat, tapi tidak fanatik. "Bung Tomo tak menganggap diri sebagai agamawan," ujarnya.

Ketua Lembaga Seni Budaya Muslimin Indonesia Pengurus Cabang NU Kota Surabaya Riadi Ngasiran mengatakan Bung Tomo memobilisasi kekuatan rakyat dengan meminta dukungan Hasyim Asy'ari. Riadi adalah penulis data dan dokumentasi *Sejarah Kaum Santri dalam Revolusi Indonesia* untuk peresmian Monumen Resolusi Jihad, yang berlokasi di bekas Hoofdbestuur Nahdlatoel Oelama di Bubutan, Surabaya. Ketua Pengurus Besar Nahdlatul Ulama KH Said Aqil Siroj meresmikan monumen itu lima tahun lalu.

Riadi menyatakan, dua hari sebelum terjadi insiden penyobekan bendera Belanda oleh arek Surabaya di Hotel Yamato pada 19 September 1945, Bung Tomo pergi ke Pon-

Suasana pertempuran Surabaya, November 1945 (bawah).

GEHEUGEN VAN NEDERLAND/NATIONAL ARCHIEV

dok Pesantren Tebuireng, Jombang, untuk memohon doa. Hasyim Asy'ari memberi bekal secarik kertas berisi fatwa jihad melawan Belanda dalam huruf Arab Pegon kepada Bung Tomo untuk disebarkan kepada seluruh umat Islam. "Sayang, sudah saya cari, tapi saya belum menemukan dokumen asli fatwa itu," kata Riadi.

Menurut dia, Bung Tomo biasa sowan ke Hasyim Asy'ari sejak Jepang masih menduduki Indonesia. Buat sebagian besar orang Islam di Jawa dan Madura, menurut Riadi, kiai kerap dikunjungi sebagai sumber kekuatan spiritual. Apalagi ketika itu perang sedang berkecamuk. Bung Tomo kerap bertandang ke pondok milik Hasyim Asy'ari untuk meminta doa agar bangsa Indonesia diberi kekuatan.

Riadi mengatakan, Bung Tomo mendapat semacam wirid atau mantra agar meneriakkan Allahu Akbar ketika memulai dan mengakhiri pidato. Dalam tradisi NU, wirid ini sering pula disebut dengan istilah ijazah—semacam bekal doa. "Saya anggap ini ijazah dari kiai untuk santrinya," ujar Riadi. Sebagai penganut Islam yang berusaha taat, Bung Tomo tidak perlu mendapat latihan khusus untuk mengucapkan Allahu Akbar.

Ihwal kuatnya interaksi antara Bung Tomo dan Hasyim Asy'ari juga diungkap oleh Alkarhanaf dalam buku *Kiai Hasjim Asj'ari Bapak Umat Islam Indonesia* terbitan 1950. Ia mengatakan Bung Tomo dan Jenderal Soedirman sering bertandang ke Pondok Pesantren Tebuireng. Kedekatan Bung Tomo dan Jenderal Soedirman dengan Hasyim Asy'ari berlangsung hingga menjelang akhir hayat sang kiai. Hasyim Asy'ari wafat pada 25 Juli 1947. Sebelum Hasyim Asy'ari wafat, Bung Tomo dan Jenderal Soedirman mengirim utusan ke Tebuireng. Utusan itu melaporkan perkembangan Agresi Militer Belanda I, yang dipimpin oleh Jenderal S.H. Spoor, telah memasuki Singosari, Malang.

Utusan Bung Tomo dan Jenderal Soedirman memberi laporan ini bertepatan dengan hari ketujuh Ramadan, seusai salat tarawih. Biasanya, seusai salat tarawih, Hasyim Asy'ari memberikan pengajian di Pondok Pesantren Tebuireng. Ketika ia sedang mengisi pengajian itulah utusan Bung Tomo dan Jenderal Soedirman datang. Hasyim Asy'ari seketika menghentikan pengajiannya dan meninggalkan masjid. Ia masuk ke rumahnya yang bersebelahan dengan masjid.

Sesampai di rumah, Hasyim Asy'ari ambruk. Dalam kondisi lunglai, ia tak henti-hentinya berseru, "Masya Allah..." Tak lama setelah itu, dia mengembuskan napas terakhir. Karena dalam suasana perang akibat agresi militer Belanda, Bung Tomo dan Jenderal Soedirman tak bisa hadir pada permakaman Hasyim Asy'ari, yang dikuburkan di kompleks Pondok Pesantren Tebuireng. Bung Tomo, seperti Jenderal Soedirman, mengirimkan telegram yang isinya menyatakan berduka.

MISTERI POTRET PEMBAKAR SEMANGAT

Potret Bung Tomo berorasi menjadi ikon perjuangan dalam peristiwa 10 November 1945. Di mana foto itu dibuat atau siapa fotografernya masih menjadi teka-teki.

HAMPIR semua orang Indonesia mengenal potret itu. Bung Tomo berorasi dengan sorot mata tajam. Baju seragamnya digulung hingga siku. Tangannya diacungkan ke langit di hadapan mikrofon bundar, di bawah payung bermotif garis-garis. Potret itu direproduksi dalam buku-buku pelajaran sejarah di sekolah. Potret itu mudah dicari di situs Google. Gunakan saja kata pencarian "Bung Tomo", ratusan potret yang sama akan terlihat, dengan atau tanpa sentuhan Photoshop.

Begitu ikoniknya potret ini sampai-sampai setiap kali ada perayaan 10 November selalu terpasang. Potret tersebut kerap diasosiasikan dengan pertempuran itu sendiri. Namun kapan dan di mana potret itu dibuat atau siapa fotografernya tak ada yang tahu pasti. Satu-satunya informasi yang sahih tentang foto itu adalah bahwa negatifnya dimiliki oleh Indonesia Press Photo Service (IPPHOS). "Koleksi IPPHOS jarang memiliki kredit foto lengkap," kata Oscar Motuloh, Kepala Galeri Foto Jurnalistik *Antara* (GFJA), yang kini memiliki sebagian besar koleksi IPPHOS.

Foto ini pertama kali diterbitkan pada 1949.

DOK TEMPO/IPPHOS

IPPHOS didirikan oleh Alex dan Frans Mendur pada 2 Oktober 1946, hampir setahun setelah peristiwa 10 November. Menurut Yudhi Soerjoatmodjo, fotografer yang meneliti tentang foto terkenal itu, dua pendiri IPPHOS tak hadir dalam peristiwa Surabaya. Alex dan Frans, seperti banyak wartawan pada masa itu, ada di Yogyakarta mengikuti Bung Karno, Bung Hatta, dan Sjahrir menghadiri Kongres Seluruh Pemuda.

Namun, ketika Surabaya memanas, sebagian wartawan bergeser ke kota itu. Alex dan Frans, yang baru sebulan bekerja di *Harian Merdeka*, termasuk yang tetap tinggal di Yogyakarta. Dalam Kisah-Kisah Jakarta Setelah Proklamasi, Rosihan Anwar menulis hanya dia dan Mohamad Supardi, reporter koran pimpinan B.M. Diah, yang turun ke medan tempur Surabaya.

Ada yang menduga foto tersebut justru dibikin Abdoel Wahab Saleh, Kepala Foto Kantor Berita *Domei* Surabaya, selama periode itu. Wahab dan Bung Tomo berkantor di tempat yang sama. Memoar Bung Tomo menyebutkan bahwa keduanya pergi ke Hotel Yamato, yang berjarak hanya 500 meter dari kantor mereka di Tunjungan pada 9 November 1945. Mungkin saja foto terkenal itu dibuat oleh Wahab tapi berpindah tangan ke IPPHOS seiring dengan berjalannya waktu.

Tapi dugaan ini gugur. Menurut Yudhi, Wahab mementingkan otentisitas. Selain itu, semua foto peristiwa Surabaya yang terbit di *Harian Merdeka*, *Ra'jat*, dan *Kedaulatan Rakyat* menggunakan kreditasi *Antara* (*Domei* kelak berganti nama menjadi *Antara*) dan tidak satu pun yang memuat potret terkenal itu.

Rekaman dokumenter Raden Mas Sutarto dari *Berita Film Indonesia* menunjukkan pertempuran besar itu melibatkan armada udara yang menjatuhkan bom dan pasukan berparasut. Maka mustahil Bung Tomo berpidato di tempat terbuka pada saat pertempuran berlangsung. Itu sama saja menjadikan diri sebagai sasaran tembak.

Dalam memoarnya, Hario Kecik menggambarkan Bung Tomo berpidato di depan publik pada akhir September 1945. Kala itu, menurut Hario, Bung Tomo—yang didampingi Daidanco Muhammad—bukan hendak mengobarkan semangat, melainkan justru membubarkan massa yang hendak menyerbu tangsi Jepang di daerah Sawangan. Massa semula ingin mengambil senjata untuk melawan tentara Inggris yang berdatangan. Bung Tomo membubarkan karena tak ingin korban jiwa jatuh.

Suhario Padmodiwiryo—nama lengkap Hario Kecik, yang pernah diwawancarai Yudhi bertahun-tahun silam—menyebutkan foto Bung Tomo membakar semangat itu tidak mungkin dipotret pada November 1945. Sebab, dalam ingatan Hario, Bung Tomo berambut pendek saat Surabaya membara, bukan gondrong seperti yang tampak pada foto.

"Bung Tomo adalah bekas pegawai radio Jepang," kata Yudhi. Gaya rambut pendek dan memelihara janggut amat jarang di kalangan mereka. Hanya beberapa tentara gerilya pada zaman itu yang berambut gondrong, "Salah satunya Hario Kecik." Hal ini, Yudhi melanjutkan, serupa dengan apa yang dikatakan William H. Frederick dalam penelitiannya tentang mode di masa revolusi yang diterbitkan oleh KITLV Leiden di Belanda pada 1977.

Oscar Motuloh menduga foto Bung Tomo yang terkenal itu dibuat di Mojokerto. Dugaan ini muncul ketika GFJA menerbitkan ulang buku *Enam Boelan Merdeka* dalam perayaan kemerdekaan pada 2009. Buku tua yang ditemukan Oscar di Museum Pers Surakarta itu berisi kumpulan artikel yang diterbitkan dalam edisi reguler *Harian Merdeka* pada 17 Februari 1946 untuk memperingati enam bulan kemerdekaan Republik.

Di halaman 105 buku tersebut, ada foto Bung Tomo yang terkenal itu disertai tulisan "*Pada rapat besar yang dilangsoengkan di Modjokerto, pada tg. 18 Februari 1945, sebagai samboetan atas koendjoengan Presiden dan Wakil Presiden kita kedaerah terseboet, Boeng Tomo, dari Poetjoek Pimpinan Pembrontakan Soerabaja, toeroet berbitjara dimuka rakjat*".

Akurasi tulisan itu memang perlu dipertanyakan mengingat pada 18 Februari 1945 belum ada Presiden dan Wakil Presiden Indonesia. Namun, menurut Oscar, "Bisa saja terjadi kesalahan cetak. Mungkin maksudnya 1946." Dalam buku tersebut ditemukan foto-foto yang diambil pada Maret 1946.

Di buku yang sama pula terdapat foto Bung Tomo dari kejauhan di atas panggung dengan mikrofon dan payung yang mirip dengan foto terkenal itu. Keterangan fotonya juga sama: "Penindjauan Presiden _ Modjokerto _ toeroet berbitjara Soetomo dari Soerabaja". Oscar menduga foto itu satu seri dengan foto terkenal tersebut.

Namun, menurut Yudhi, dua foto Bung Tomo di buku itu tidak terdapat pada edisi asli *Harian Merdeka* yang kini sulit dicari. Dalam majalah *Tempo* edisi 14 Agustus 2000, Yudhi menulis bahwa dia juga menemukan dua lembar foto Bung Tomo dalam pose dan penampilan yang mirip dengan foto terkenal itu lengkap dengan pengeras suara dan payung garis-garis. Hanya, sudut pengambilannya berbeda.

Foto itu menyertai artikel dalam majalah dwibahasa *Nanyang Post* edisi Februari 1947, nomor 14, yang berbunyi, "*Rapat oemoem di Malang jang baroe ini, mengoempoelkan pakaian-pakaian boeat korban-korban Soerabaia. Jang lagi berbitjara pemimpin pemberontak toean Soetomo...*"

Meski belum sependapat soal lokasi dan waktu foto diambil, Oscar dan Yudhi menduga foto terkenal itu tidak dibuat di Surabaya saat 10 November. Sejarawan Rushdy Hoesein juga sepakat. "Itu dipermasalahkan lama, bukan di Surabaya," kata Rushdy.

Oscar dan Yudhi menduga foto itu merupakan karya Frans Mendur. Alex Mendur banyak bekerja di Jakarta dan sekitarnya, sementara Frans banyak berkarya di Yogyakarta. "Frans salah satu dari belasan fotografer perang yang dilantik Soedirman," ujar Yudhi.

Foto Bung Tomo yang terkenal itu, menurut Yudhi, pertama kali diterbitkan pada 1949 dalam album foto *Lukisan Revolusi*, yang banyak diisi foto bikinan Alex dan Frans Mendur, juga Abdoel Wahab Saleh. Foto itu muncul di halaman yang menggambarkan pertempuran Surabaya.

Rekaman pidato Bung Tomo pada 10 November yang berapi-api sepertinya cocok dengan imaji yang tampak pada foto itu. Maka, pada dekade-dekade selanjutnya, potret itu dan peristiwa Surabaya kerap diasosiasikan. Apalagi, pada dekade awal kemerdekaan, propaganda berperan penting untuk menumbuhkan nasionalisme.

BELAHAN JIWA PEJUANG ASMARA

Kisah cinta Bung Tomo-Sulistina seperti cerita film laga Amerika. Menegangkan, diselingi romantisisme ala Korea.

DARI balik bingkai kaca dan di antara kepungan keriput, bola mata Sulistina masih berbinar mengisahkan suaminya: Sutomo alias Bung Tomo. Usia 90 tahun tak menghalangi ingatan atas drama, komedi, dan tragedi yang mewarnai kisah kasih mereka sejak awal bertemu hingga akhir. "Dulu saya suka menangis kalau bercerita tentang Bapak. Tapi sekarang enggak," ujar Tien—panggilan akrab Sulistina—yang ditemui *Tempo* di kediamannya di Kota Wisata Cibubur, Kabupaten Bogor, Jumat, 23 Oktober 2015.

Cerita bermula pada November 1945. Pidato berapi-api Bung Tomo yang disiarkan di radio menggerakkan hati Sulistina untuk ikut terjun ke medan laga. Ia menjadi satu dari tiga gadis Palang Merah yang berangkat dari Malang menuju Surabaya.

DOK. KELUARGA

Bersama Sulistina, 1950-an.

Saat itu Sulistina masih belia, baru 20-an tahun. Namun bekalnya untuk berperang sudah matang. Ia berlatih angkat senjata dan silat serta ikut kursus polisi wanita. Banyak hal dipelajari: dari menghafal nomor pelat mobil hingga membuntuti orang dengan berpura-pura sedang dandan. Sayang, tubuh ramping, kulit putih, dan kemampuan berbicara dalam berbagai bahasa membuat Tien sempat difitnah sebagai mata-mata Belanda. Ia memang mirip tokoh mata-mata wanita ala film Hollywood.

Dalam buku *Bung Tomo Suamiku* terbitan 1995, di pertempuran Surabaya inilah Bung Tomo berjumpa dengan Sulistina. Sutomo merasa seperti tersihir saat melihat Sulistina—yang berkacamata hitam dan bercelana panjang biru—di depan markas Barisan Pemberontakan Rakyat Indonesia di Tembok Dukuh, Surabaya. "Jeng berdiri acuh tidak acuh, seolah-olah tidak melihatku. Gadis lain memperhatikanku, tetapi Jeng tidak," kata Bung Tomo ketika melamar Sulistina, seperti dikutip dari buku itu. Tien sebenarnya tahu sepasang mata menatapnya.

Esok paginya, pemilik mata itu menghampiri dan memintanya mundur dari markas dengan alasan keamanan. Menatap langsung mata bulat si pemuda, tubuh dan hati Tien bergetar. Seperti tak bisa berkata-kata, ia hanya menjawab dengan anggukan. Begitu si pemuda berlalu, ia sibuk bertanya ke sana-kemari tentang identitas pemuda itu. "Saya baru tahu ia adalah Bung Tomo," ujarnya berusaha mengingat.

Terpesona pada pandangan pertama, Bung Tomo pun melancarkan berbagai aksi untuk mendekati arek Malang itu. Ia bolak-balik mengirim salam melalui teman, bahkan merekayasa sejumlah pertemuan agar bisa berduaan dengan Tien.

Aksi paling dahsyat terjadi saat ia mengajak Sulistina menghadiri pertemuan di gedung Komite Nasional Indonesia Pusat di Malang. Seusai pidato, Bung Tomo didaulat menyanyi di panggung. Ia memilih lagu romantis: *Rindu Lukisan*. Selama Sutomo berdendang, tatapan matanya tertuju pada Tien. "Saya sampai malu karena teman-teman menggoda. Mereka bilang Bung Tomo *naksir* saya," kata Sulistina, yang tampak tersipu ketika bercerita kepada *Tempo*.

Mereka makin sering berjumpa setelah orangtua Bung Tomo pindah ke Jalan Ijen 71, Malang. Hingga akhirnya, 1 Januari 1946, di rumah yang juga menjadi markas Barisan Pemberontakan Rakyat Indonesia itu, Bung Tomo "menembak" gadis pujaannya. Ia menyuruh keluar dua perempuan yang semula menemani Tien membaca majalah di ruang tamu. Diam-diam ia mendekat, lalu meluncurlah kata-kata itu: "Aku ingin mencintaimu sepenuh hatiku dan menikahimu kalau Indonesia sudah merdeka." Tien terdiam.

Jantungnya berdegup kian cepat saat Bung Tomo menggenggam tangannya erat.

Perang mengusir penjajah terus berkobar. Situasi negara yang makin genting dan isu penangkapan para pejuang oleh Belanda membuat kawan-kawan pejuang berencana melarikan Sutomo ke Australia. Sutomo dipaksa kawan dan kerabat segera menikahi Sulistina. Alasannya, keberadaan Tien diyakini akan memompa semangat perjuangan Bung Tomo di negeri tetangga. Padahal ia sudah berikrar: akan menikah bila Indonesia telah merdeka.

Penangkapan oleh penjajah tidak terjadi, tapi ikrar kadung dilanggar. Mereka menikah pada 19 Juni 1947. Pengantin baru ini kena pantangan berhubungan badan selama 40 hari. Menurut kepercayaan orang tua zaman dulu, jika pantangan itu dilanggar, bisa fatal akibatnya bagi keselamatan negara.

Akhirnya, pantangan berlalu. Tapi Bung Tomo sibuk menggerakkan massa di berbagai daerah. Sedangkan Tien hidup sembunyi-sembunyi dan berpindah-pindah untuk menghindari penjajah. Maka rindu dan hasrat pun tersalurkan dalam mimpi. Salah satunya dituangkan dalam puisi. Ditulis malam hari, 5 Mei 1949, di Desa Pudak, Jawa Timur: *Bersih, kasih, murni/ Kau datang/ Sedang aku seorang/ Mengenang diri/ Kau ajak/ Aku berhak/ Melepas tirta suci!/ Pelukmu/ Ciummu/ Membakar/ Berkobar/ Tubuhku/ Tergetar/ Istriku, aku puas/ Meskipun/ Hiburanmu.../ Terbatas!*

Perjuangan mengusir penjajah selesai pada 1950-an. Pasangan ini telah dikaruniai dua anak. Tapi masa sulit masih berlanjut. Bung Tomo menganggur, tak mendapat pekerjaan. Biasanya berpakaian perlente, ia terpaksa menggunakan satu celana berhari-hari tanpa dicuci. Bahkan beberapa bagian dijahit karena sobek. “Saking tidak punya apa-apa, pernah

TEMPO/DIAN TRIYULI HANDOKO

Sulistina

sehari kami hanya makan bubur sumsum sebungkus," Sulistina mengenang.

Bung Tomo kembali sibuk ketika Barisan Pemberontakan Rakyat Indonesia, yang didirikannya, berubah menjadi Partai Rakyat Indonesia. Ia harus bolak-balik Malang-Jakarta. Saat itulah "kehangatan" dengan Tien dirasakan dalam surat. Bung Tomo menyapa istrinya "Zus" yang berarti "Dinda", atau "Schat": "cintaku". Sedangkan Tien menyebutnya "Mas Tom". Tiga bahasa—Belanda, Inggris, dan Jawa—bertebaran dalam kalimat-kalimat penuh rindu. Beberapa keperluan rumah tangga juga diomongkan di sini. Di bagian akhir, Bung Tomo biasa menulis salam romantis, seperti "peluk ciumku", "Masmu yang kangen", dan *veel liefs van je mas* ("banyak kasih dari Mas").

Presiden Sukarno mengangkat Bung Tomo sebagai Menteri Negara Urusan Bekas Pejuang pada 1955. Ia kemudian menjadi anggota Dewan Perwakilan Rakyat pada 1956. Sulistina dan empat anaknya hijrah ke Jakarta. Ratna Sulistami, anak bungsu, yang saat itu berumur 6 tahun, mengingat ayah-ibunya kerap beraksi layaknya muda-mudi dimabuk cinta. "Papi suka cium Mami sembunyi-sembunyi, tapi tetap ketahuan juga," katanya kepada *Tempo*.

Sulistina ingat keisengan yang dibikin suaminya. Misalnya, Sutomo tiba-tiba menyetel lagu dan menariknya berdansa. "Pokoknya main tarik dan peluk saja untuk dansa," ujarnya.

Prahara kembali menimpa keluarga Tien. Bung Tomo ditahan di Nirbaya, Kramat Jati, Jakarta, pada 1978. Kritiknya kepada pemerintahan Soeharto dinilai terlalu pedas. Selama setahun dia di Nirbaya, tak sehari pun Tien absen berkunjung. Tien pula yang sibuk mengurus bisnis perusahaan mereka yang sempat berantakan. Bung Tomo terharu. Ia mencium dan berbisik, "*You are the only friend that I ever have.*"

Setelah Bung Tomo bebas dari Nirbaya, mereka berhaji bersama pada 1981. Dan Tien tak menyangka, Padang Arafah menjadi tempat perpisahan selamanya. Tapi lembar demi lembar surat tetap ditulisnya untuk suami terkasih: *Aku tahu Mas Tom tidak dapat membacanya, menulis surat untukmu mengurangi rasa rinduku—Sulistina, 1995.*

KISAH JENDERAL TIGA BULAN

Diangkat sebagai jenderal TNI dari unsur laskar, Bung Tomo menolak tunduk pada Amir Sjarifuddin. Ramalannya tentang agresi Belanda terbukti.

PIDATO Sutomo yang berapi-api tak cuma memanggang hati Belanda, tapi juga Perdana Menteri sekaligus Menteri Pertahanan, Amir Sjarifuddin. Dalam sebuah sidang kabinet yang mempertemukan petinggi militer dengan jajaran petinggi pemerintah pada suatu malam di pengujung 1947, Bung Tomo—yang ditunjuk Panglima Besar Jenderal Soedirman sebagai juru bicara—menguliti kebijakan anggaran kabinet Amir yang dinilainya tak memihak tentara.

Selain gaji prajurit yang masih rendah, Bung Tomo menyinggung seragam mereka yang kumal dan rombeng. Dia menuduh Amir Sjarifuddin menimbun seragam baru di gudang-gudang yang dikuasainya. “Anak buah dahulu, baru Bapak!” kata Bung Tomo tanpa tedeng aling-aling.

Sebagai kepala pemerintahan, Amir Sjarifuddin yang memimpin sidang di Istana Presiden di Yogyakarta itu. Presiden Sukarno sebagai kepala negara sebenarnya hadir, tapi tak banyak bicara. Dalam kumpulan catatannya yang berjudul *Dari 10 Nopember 1945 ke Orde Baru*, Bung Tomo menggambarkan air wajah Sukarno tak beriak selama rapat itu. Sedangkan Soedirman lebih sering menunduk. "Kami semua menanti reaksi keras dari Amir Sjarifuddin," ujar Bung Tomo.

Alangkah terkejutnya mereka ketika yang menanggapi tudingan Bung Tomo bukan Amir, melainkan loyalisnya, Jenderal Mayor Djoko Sujono. Dia membantah semua ucapan Bung Tomo. Bantahan Djoko ini memancing Jenderal Soedirman naik pitam. Mulanya tenang, kemudian, "Sepatah demi sepatah, tegas, keras, memukul kepada siapa yang merasa bersalah," tulis Bung Tomo dalam catatannya. Dengan murka, Soedirman mementahkan semua ucapan Djoko dan menguatkan keluhan Bung Tomo. Dia murka karena tentara seakan-akan ditelantarkan. Rapat itu akhirnya ditutup tanpa keputusan.

Bung Tomo memang bisa dibilang "orang" Soedirman. Ia telah mengikuti Soedirman sebelum diangkat Presiden Sukarno jadi salah satu pemimpin Tentara Nasional Indonesia dari unsur laskar pada 5 Oktober 1947. Bersama antara lain Sayuti Melik, Bung Tomo adalah anggota Dewan Penasihat Panglima Besar sejak Mei 1946. Saat itu Sutomo masih memimpin Barisan Pemberontakan Rakyat Indonesia (BPRI)—salah satu kelompok laskar yang berjibaku dalam peristiwa 10 November 1945 di Surabaya.

Bambang Sulistomo, putra Bung Tomo, mengatakan ayahnya memang pengagum Soedirman. "Pemimpin yang kuhormati itu dua: Bung Hatta dan Pak Dirman," kata

DOK, PERPUSTAKAAN NASIONAL

Bung Tomo (kedua dari kiri) bersama Jenderal Soedirman, Mei 1946.

Bambang menirukan ayahnya ketika ditemui *Tempo* pada Oktober 2015.

Setelah barisan laskar dilebur ke dalam Tentara Republik Indonesia pada 5 Mei 1947 dan sebulan kemudian berganti nama menjadi Tentara Nasional Indonesia, Bung Tomo diangkat sebagai perwira dengan pangkat Jenderal Mayor Angkatan Darat. Waktu itu TNI masih menganut sistem kepangkatan Belanda. Jenderal mayor adalah perwira tinggi bintang satu—saat ini setara dengan brigadir jenderal.

Belakangan, Barisan Pemberontakan mengajukan Bung Tomo menjadi salah satu pemimpin TNI. Yang menarik, kelompok laskar lain, seperti Hizbullah, Pesindo, Laskar Maluku, dan Laskar Sunda Kecil, pun mengajukan namanya. Mereka beralasan jangan sampai tokoh bekas laskar dikucilkan setelah bergabung dengan TNI. Maka, pada 5 Oktober 1947, Bung Tomo dilantik sebagai Koordinator Angkatan Darat, Angkatan Laut, dan Angkatan Udara. Dia juga diangkat menjadi anggota Staf Gabungan Angkatan Perang—dewan yang diketuai Soedirman. Bukan hanya itu, Bung Tomo juga merangkap jadi anggota Dewan Penasihat Militer, yang dipimpin Presiden Sukarno.

Selain Bung Tomo, ada dua tokoh laskar yang diangkat menjadi anggota Staf Gabungan Angkatan Perang. Mereka adalah Jenderal Mayor Sakirman, yang berasal dari Lasjkar Rakjat, dan Jenderal Mayor Djoko Sujono, yang sebelumnya aktif di Biro Perjuangan—badan yang dibentuk Amir Sjarifuddin sebagai payung bagi barisan laskar yang terserak. Sakirman dan Djoko ibarat tangan kanan dan tangan kiri buat Amir Sjarifuddin.

Di TNI, Sakirman bertugas sebagai penghubung antara Staf Gabungan Angkatan Perang dan Dewan Pertahanan Nasional yang dipimpin Amir selaku perdana menteri. Adapun Djoko Sujono ditugasi mengintegrasikan bekas laskar ke dalam tubuh TNI. Masalahnya, Bung Tomo menuding Amir mengistimewakan tentara bekas laskar di bawah komando Djoko Sujono ini. Mereka bisa memperoleh bedil dan seragam baru. "Kemungkinan besar senjata itu dibeli pemerintah melalui penyelundupan," kata sejarawan Rushdy Hoesein. Setelah sidang kabinet di Istana Yogyakarta yang membuat Soedirman murka, Bung Tomo lama tak berjumpa dengan Amir Sjarifuddin. Sutomo sibuk menyiapkan "Kompleks Gunung Lawu" di wilayah Gunung Lawu, Jawa Tengah, sebagai pusat komando bila sewaktu-waktu Belanda menggelar agresi lagi. Soedirman memang menunjuk Bung Tomo sebagai penanggung jawab persiapan Kompleks Lawu itu. Apalagi konsep pertahanan tersebut diusulkan oleh Bung Tomo sendiri.

Sembari menata Kompleks Lawu, Bung Tomo diizinkan Soedirman berpidato dua kali sepekan di *Radio Pemberontakan*, yang dipancarkan lagi oleh *Radio Republik Indonesia*. Tema pidatonya selalu sama: "Waspada Belanda!" Pesan itu tentu saja disampaikan Bung Tomo dengan gayanya yang khas bergelora.

Pidato-pidato Bung Tomo yang menggigit rupanya mengusik Amir Sjarifuddin. Suatu sore saat sedang berada di Tawangmangu, di gigir Lawu, Bung Tomo menerima kawat dari Amir di Yogyakarta, ibu kota Indonesia ketika itu. Isinya, "Harap Saudara pilih, tetap duduk dalam pimpinan TNI atau tetap berpidato radio." Bung Tomo menganggap teguran itu angin lalu. Dia tahu Amir hanya menggertaknya.

Sang istri, Sulistina, yang saat itu ada di samping Bung Tomo, menyaksikan sendiri reaksi suaminya setelah membaca kawat tersebut. "Persetan, *ora dadi jenderal, ora patheken*," kata Bung Tomo seperti dikutip dalam buku Sulistina, *Bung Tomo Suamiku*. Artinya kurang-lebih: tidak jadi jenderal pun tak peduli.

Keesokan paginya, Bung Tomo berangkat ke Yogyakarta menemui Soedirman. Sang Panglima Besar tak memberi petuah panjang. Dia hanya menginstruksikan Bung Tomo menemui Amir Sjarifuddin. Ketika mereka bertatap muka, Amir langsung memberondong Bung Tomo dengan kemarahan meluap. "Saya diprotes Belanda karena pidato-pidato Saudara yang masih begitu keras. Padahal pemerintah sedang berunding mengenai perdamaian dengan mereka!" ujar Amir.

Sejarah mencatat, Indonesia dan Belanda meneken gencatan senjata pada 17 Agustus 1947 sampai terlaksananya Perjanjian Renville. Disepakati pada 17 Januari 1948, perundingan untuk menghasilkan kesepakatan itu dimulai sejak 8 Desember 1947. Sejak awal, militer Indonesia keberatan terhadap poin-poin perjanjian itu. Selain hanya mengakui Jawa Tengah, Yogyakarta, dan Sumatera sebagai bagian wilayah Indonesia, pasukan TNI harus ditarik mundur dari Jawa Barat dan Jawa Timur.

Karena itu, Bung Tomo menampik teguran Amir Sjarifuddin. "Bung Amir, apakah benar-benar kita dapat mempercayai Belanda bahwa mereka takkan menyerang lagi? Marilah kita ingat peristiwa penyerbuan Mojokerto... Kita telah ditipu mentah-mentah...."

Tapi Amir tak goyah. "Itu lain perkara. Saya sekarang harus menunjukkan kepada Belanda dan dunia internasional bahwa semua pasukan bersenjata Republik Indonesia dapat kita kontrol, kita kuasai. Dan Saudara adalah seorang opsir TNI!"

Bung Tomo orang yang berkepala batu. Setelah berpikir sejenak, saat itu juga dia meminta pensiun dari TNI—pada usia 28 tahun. "Saya pilih tetap berpidato dengan bebas, membakar semangat rakyat untuk menghadapi Belanda yang berwatak busuk." Maka hanya sekitar tiga bulan Bung Tomo tercatat sebagai anggota TNI.

Tak lama setelah Si Bung mundur dari TNI, Amir Sjarifuddin terjungkal dari kursi perdana menteri pada 29 Januari 1948. Belakangan, Amir terlibat pemberontakan Partai Komunis Indonesia di Madiun. Pada akhir 1948, perkiraan Bung Tomo terbukti: Belanda kembali melancarkan agresi militer.

ANAK KAMPUNG KUMUH
KE PENTAS PERGERAKAN

TUMBUH dalam keluarga tak berpunya di lingkungan kumuh, Sutomo hanya berijazah sekolah dasar. "Pendidikan" di luar jalur formal justru membawanya ke baris terdepan pergerakan perjuangan. Ilmu kepemimpinan dan teknik menjadi orator ulung ia dapatkan di kepanduan, partai politik, dan kantor berita *Domei*—kini *Antara*. Nama Bung Tomo pun kian moncer di Surabaya ketika menapaki usia 25 tahun. Pada Juli 1945, Bung Tomo dipercaya menjadi anggota panitia Gerakan Rakyat Baru. Di sana, ia berkenalan dengan beberapa tokoh nasional, antara lain Sukarno, Mohammad Hatta, Kiai Wahid Hasyim, B.M. Diah, dan Adam Malik.

Bung Tomo, 1950-an.

DOK. KELUARGA

HIDUP PRIHATIN DI TEMBOK DUKUH

Dibesarkan dalam keluarga kurang mampu. Rumah tanpa listrik, ia pun terpaksa belajar di bawah lampu jalan.

RUMAH dua lantai di Jalan Tembok Dukuh Gang II Nomor 17, Surabaya, itu terbilang "mewah" dibanding rumah di sekitarnya. Walau tak menganut aliran minimalis, modelnya mengikuti tren masa kini. Dahlan, 46 tahun, pemilik rumah itu, adalah penjual soto asal Madura. Sejak menempati rumah itu, telah dua kali ia merenovasinya sehingga tak tampak lagi bentuk aslinya. Meski begitu, warga Gang II hakulyakin bahwa rumah tersebut pernah menjadi tempat Sutomo alias Bung Tomo menghabiskan masa kecil.

"Yang saya tahu, rumah Bung Tomo dulu ya di situ," kata Hariyono, 67 tahun, bekas Ketua Rukun Tetangga Tembok Dukuh, sambil menunjuk rumah Dahlan, ketika ditemui pekan terakhir Oktober 2015. Hariyono yakin rumah itu pernah dimiliki orangtua Bung Tomo. Ia mengaku banyak mendengar cerita seputar rumah itu dari para sepuh Gang II. Salah satunya Abdul Gani, 93 tahun, yang pernah menjadi sekretaris Bung Tomo. Abdul Gani, kini sakit-sakitan, tinggal persis di sebelah rumah itu. "Dia bilang juga begitu," ujarnya.

Rumah masa kecil Bung Tomo itu letaknya sekitar 3 kilometer dari Gedung Grahadi di Jalan Gubernur Suryo, kini menjadi kantor dinas Gubernur Jawa Timur Soekarwo. Rumah itu berada di sisi barat laut Hotel Yamato, kini Hotel

TEMPO/ARIS NOVIA HIDAYAT

Rumah di Jalan Tembok Dukuh Gang II Nomor 17, Kelurahan Tembok Dukuh, Surabaya.

Majapahit—saksi sejarah perobekan bendera Belanda. Jaraknya sekitar 3 kilometer. Dua gedung bersejarah tersebut berada tepat di jantung Kota Surabaya. Rumah Bung Tomo semasa kecil ini juga di jantung Kota Surabaya, tapi tergolong kawasan kumuh.

Pada masa revolusi, gang yang panjangnya sekitar 200 meter itu terbilang sempit. Lebarnya 2,5 meter. Kini gang itu sudah dilebarkan menjadi kurang-lebih 3 meter. Gang II di RT 4 RW 1, Kelurahan Tembok Dukuh, Kecamatan Bubutan, Surabaya, juga menjadi saksi sejarah tempat berlatihnya pasukan pimpinan Bung Tomo. Mereka berlatih tepat di depan rumah tersebut. Saat itu belum banyak bangunan di depannya, yang ada hanya lapangan luas.

Sejak rumah itu dijual, sudah beberapa kali kepemilikannya berpindah tangan. Sebelum ditempati Dahlan, rumah itu milik tukang solder bernama Pak Die, yang membelinya dari Madakkar, seorang tuan tanah. Lantaran rumah itu sudah beberapa kali direnovasi, putra-putri Bung Tomo, yang kini kebanyakan tinggal di Jakarta, hampir tak mengenalinya. "Tahun lalu, saya cek ke sana. Walau sudah berputar-putar, sulit untuk mengenalinya," ucap Bambang Sulistomo, satu dari lima anak Bung Tomo, akhir Oktober 2015.

Kondisi rumah tersebut memang berbeda dibanding ketika dihuni oleh orangtua Bung Tomo. Rumah itu aslinya hanya sebuah bangunan gubuk kecil dengan tembok gedek. Pintunya pendek sehingga apabila seseorang hendak masuk harus menundukkan kepala. "Bapak (Bung Tomo) itu dulu anak orang tidak punya. Rumahnya saja tidak ada aliran listrik," ujar Sulistina Sutomo, 90 tahun, wanita yang selalu setia mendampingi Bung Tomo, ketika ditemui di rumahnya di Kota Wisata Cibubur, Kabupaten Bogor, pekan terakhir Oktober 2015.

Sulistina menuturkan, lantaran tak ada aliran listrik di

rumahnya, Bung Tomo kecil terpaksa belajar di pinggir jalan di bawah lampu jalanan. “Kebetulan di depan rumahnya ada tiang listrik yang dilengkapi lampu penerang jalan,” kata Sulistina, seperti diceritakan Bung Tomo kepada dirinya. Meski hidup dalam kondisi memprihatinkan, semangat belajar Bung Tomo tetap tinggi. Ini sesuai dengan ajaran ayahnya, Kartawan Tjiptowidjojo, yang sangat mementingkan pendidikan dalam keluarga.

Hanya, Kartawan—yang sempat berpindah-pindah kerja, antara lain sebagai pegawai pemerintah, anggota staf pribadi di sebuah perusahaan swasta, asisten di kantor pajak pemerintah, dan pegawai kecil di perusahaan ekspor-impor Belanda—tak mampu membiayai Bung Tomo untuk meneruskan pendidikan. Buat menghidupi keluarganya, Kartawan sempat menjadi distributor lokal perusahaan mesin jahit merek Singer. Namun, ketika depresi ekonomi melanda dunia pada 1930-an, usaha itu hancur.

Akibat terkena imbas depresi itulah Bung Tomo, yang lahir pada 3 Oktober 1920 di Kampung Blauran, Surabaya, terpaksa putus sekolah dari Meer Uitgebreid Lager Onderwijs (MULO), setara dengan sekolah menengah pertama. Sebelumnya, ia menamatkan sekolah tingkat dasar pada usia 12 tahun. Walau tak bisa melanjutkan sekolah, tekad Bung Tomo menimba ilmu tak pernah padam. Saat kawan-kawannya pulang sekolah, ia langsung mengejar mereka. “Dapat apa hari ini, dapat pelajaran apa?” ujar Sulistina, menirukan ucapan Sutomo kecil.

Segala upaya dilakukan orangtuanya agar Bung Tomo tetap mendapat pendidikan formal. Ia lantas mengambil kursus korespondensi Hogere Burgerschool (HBS) atau setara dengan pendidikan menengah umum dengan pengantar bahasa Belanda. Bung Tomo berhasil menyelesaikan seluruh kursus tersebut, kecuali ujian akhir. “Bung Tomo tak penah lulus secara formal lantaran ujian akhirnya harus dilakukan di Eropa," demikian tulis William H. Frederick dalam bukunya, *Pandangan dan Gejolak: Masyarakat Kota dan Lahirnya Revolusi Indonesia (1926-1946)* (1979).

Setelah putus sekolah, Bung Tomo mencoba membantu orangtuanya mencari tambahan penghasilan untuk mengatasi dampak depresi yang melanda dunia saat itu. Ia tak sungkan melakukan apa saja yang penting halal. Salah satunya menjadi ball boy di lapangan tempat orang Belanda bermain tenis tak jauh dari rumahnya. "Itu *lho*, anak-anak yang suka *mungut-mungut* bola," kata Sulistina.

Suatu kali Bung Tomo membantu ibunya, yang berdarah campuran Jawa Tengah, Sunda, dan Madura, mengambil dan mengantarkan cucian pakaian untuk para tetangganya. Salah satu pelanggannya adalah ibu Roeslan Abdulgani, istri Menteri Luar Negeri Indonesia pada 1956-1957. "Bukan hanya itu, Bapak juga pernah berjualan koran di kampungnya," ujar Bambang.

Ayah Bung Tomo tak terlalu menaruh minat terhadap kehidupan politik. Sebaliknya, keluarga dari garis ibunya sudah sejak dulu terlibat dalam persoalan politik. Darah politik inilah sepertinya yang diwariskan kepada Bung Tomo kecil plus pengaruh kuat dari Notosudarmo, kakek dari pihak ayah. Sang kakek pula yang mengenalkan Bung Tomo kecil pada harian *Soeara Oemoem* dan membawanya ke rapat-rapat pergerakan untuk mendengarkan pidato Sukarno atau tokoh-tokoh lain.

Sejak itu, Sutomo tertarik pada cara Bung Karno berpidato. "Dia pernah bercerita, 'Kalau besar nanti, aku ingin pidato seperti Bung Karno,'" ucap Sulistina. Tak sampai di situ. Notosudarmo pula yang mendorong Bung Tomo bergabung dengan gerakan Kepanduan Bangsa Indonesia (KBI). Peristiwa ini menjadi salah satu langkah penting pada awal masa kehidupan politik Bung Tomo.

Pada usia 17 tahun, Bung Tomo kian dikenal orang. Sebab, ia berhasil menjadi orang pertama di Jawa Timur dan kedua untuk seluruh Indonesia yang mencapai peringkat Pandu Garuda—jenjang tertinggi yang diberikan KBI. Pada masa itu, hanya ada tiga pandu kelas I. Bung Tomo juga aktif sebagai ketua kelompok sandiwara Pemuda Indonesia Raya di Surabaya, yang mementaskan cerita perjuangan pada 1939 sebelum masa pendudukan Jepang.

"Kepanduan yang membentuk karakter *leadership* dia," ujar Sulistina. Dan kepemimpinan itu pula yang mengantarkan Bung Tomo pada kegiatan politik hingga akhirnya ia diangkat menjadi Sekretaris Parindra cabang Tembok Dukuh.

Nama Bung Tomo pun menjadi buah bibir di mana-mana. Meski melewati masa kecil hingga dewasa di Surabaya, nama masyhur Sutomo bukanlah Cak Tomo, seperti kebanyakan arek Suroboyo asli, melainkan Bung Tomo. Konon, hanya ada tiga orang pada masa perjuangan yang memiliki panggilan "Bung" di negeri ini: Bung Karno, Bung Hatta, dan Bung Tomo.

ANAK SERIGALA PANDU GARUDA

Kepanduan membentuk karakter awal Sutomo menjadi pemimpin dan motivator. Dari situlah kenapa pidatonya membakar massa.

DENGAN seragam dril lengan panjang dan kacu merah-putih, Bung Tomo datang ke Perkemahan Wirakarya tingkat nasional di Gisting, Lampung Selatan. Pada 17 Juli-28 Agustus 1971, ratusan anggota pramuka penegak dan pandega dari pelbagai kwartir daerah di Indonesia sedang melakukan kemah bakti membangun bendungan dan saluran irigasi.

Sosoknya segera mencolok di antara para peninjau perkemahan itu. "Bung Tomo hadir memberi motivasi kepada peserta dan ikut tinggal bersama kami," kata Upi Suprihati kepada *Tempo*, Senin pertengahan Oktober 2015. Ketika itu Upi menjadi Ketua Sangga Kerja atau panitia pelaksana perkemahan.

Kehadiran Bung Tomo di Gisting, yang terletak di kaki Gunung Tanggamus, karena ia menjabat Ketua Pandu

Wreda. Ini merupakan wadah mantan pandu yang tidak aktif lagi menjadi pembina atau pengurus organisasi Gerakan Pramuka, fusi dari berbagai organisasi kepanduan yang dibentuk pada 1961. Sejak 1961, yang menjadi tahun kelahiran Gerakan Pramuka, sebutan pandu berubah menjadi pramuka.

Ketua Kwartir Nasional Gerakan Pramuka Sri Sultan Hamengku Buwono IX pada 1968 membentuk Pandu Wreda dan Bung Tomo menjadi ketua yang ketiga. "Bung Tomo yang berinisiatif berkunjung ke Perkemahan Wirakarya di Gisting dengan biaya sendiri," kata Nurman Atmasulistya, yang pada 1970 menjadi Kepala Sekretariat Kwarnas Gerakan Pramuka.

Saat itu Nurman merangkap menjadi sekretaris Bung Tomo di Pandu Wreda. Menurut Nurman, tiga tahun menjadi ketua, Bung Tomo sering hadir dalam kegiatan pramuka. Bahkan dia ikut memfasilitasi pengumpulan dana bagi pengembangan organisasi Gerakan Pramuka. Bung Tomo, yang lahir pada 1920, seperti memegang teguh pesan Robert Baden Powell, Bapak Pandu Sedunia, "sekali pandu, tetap pandu".

Aktivitasnya di kepanduan bermula saat Sutomo berusia 12 tahun. Notosudarmo, kakek dari ayahnya, yang mendorongnya masuk Kepanduan Bangsa Indonesia (KBI). "Peristiwa ini menjadi salah satu langkah terpenting pada awal masa kehidupannya," kata William H. Frederick dalam bukunya, *Pandangan dan Gejolak: Masyarakat Kota dan Lahirnya Revolusi Indonesia*.

KBI merupakan organisasi kepanduan berasaskan kebangsaan yang terbentuk pada 1930 oleh dr Moewardi, alumnus School tot Opleiding van Indische Artsen (STOVIA) atau Sekolah Kedokteran Hindia Belanda. Pada Kongres Pemuda 28 Oktober 1928, Moewardi yang menjadi utusan Jong

DOK. PERPUSTAKAAN NASIONAL

Bung Tomo (tengah) bersama rekan-rekan wartawan di Surabaya, 1950-an.

Java ikut mengikrarkan Sumpah Pemuda. KBI adalah fusi tiga organisasi kepanduan: Pandu Kebangsaan, Nationale Islamietische Padvinderij, dan Pandu Pemuda Sumatera.

Dalam metode pendidikan kepanduan, peserta dikelompokkan berdasarkan usia. Dalam KBI ada golongan pandu anak serigala, yang berisi anak laki-laki 8-13 tahun, dan kurcaci, yakni anak perempuan 8-12 tahun. Saat ini anak serigala disebut pramuka siaga. Lalu pandu yang berisi remaja laki-laki 12-18 tahun dan golongan perempuan disebut pandu putri, yang kini disebut pramuka penggalang.

Golongan terakhir adalah penuntun, yaitu pemuda laki-laki 18 tahun ke atas dan 17 tahun ke atas untuk perempuan. Sekarang namanya populer sebagai pramuka penegak. Karena usianya, ketika bergabung dengan KBI, Sutomo masuk golongan anak serigala.

Sutomo lulus dari sekolah dasar negeri di dekat rumahnya di Kampung Tembok Dukuh, Kecamatan Bubutan,

Surabaya. Dia masuk sekolah menengah tapi tidak lulus karena tidak ada biaya. Bung Tomo mengambil kursus korespondensi tingkat sekolah menengah atas dari Belanda dan menyelesaikan seluruh kursus tersebut. "Kecuali ujian akhir karena harus dilakukan di Eropa," tulis William Frederick.

Menurut Frederick, Sutomo mengisi waktu luang selain kegiatan pramuka dengan berjualan koran dan mengambil cucian tetangga. Menurut Nurman Atmasulistya, yang menjadi anggota Pandu Rakyat di Jakarta sejak 1974, setiap anggota pandu harus berlatih secara rutin dalam gugus depannya yang didampingi seorang pembina.

Untuk kenaikan tingkat dalam setiap golongan, mereka menempuh syarat kecakapan umum (SKU). Ujian ini lebih banyak pada pembentukan karakter atau kejiwaan. Ada lagi ujian pelengkap, yakni syarat kecakapan khusus (SKK) berisi keterampilan kepramukaan dan keterampilan di luar kepramukaan.

Keterampilan kepramukaan antara lain menjelajah; membaca peta/kompas, semafor, dan morse; memasak; menjahit; serta hidup di alam bebas. Di luar itu antara lain keterampilan berkomunikasi (berpidato), sastra, perbengkelan, otomotif, pertanian, teknologi, dan tata busana. Pengujinya seorang pembina yang memiliki keterampilan khusus tersebut.

Menurut Frederick, Sutomo mengikuti semua ujian SKU dan SKK sehingga mendapat banyak lencana pada seragam pandunya. Pada usia 16 tahun, ia mendapat penghargaan Pandu Garuda (Elang) dari KBI. "Hanya ada dua orang Indonesia yang mampu mencapai tingkat ini sebelum masa pendudukan Jepang," kata Frederick.

Nurman Atmasulistya menjelaskan, Pandu Garuda adalah sebutan bagi pramuka yang telah menyelesaikan tingkat kecakapan tertinggi pada golongannya. Salah satu ujiannya adalah berjalan kaki selama beberapa hari dengan bekal makanan yang dibawanya dan mengadakan kegiatan pramuka di lokasi yang dilewatinya.

Untuk golongan penuntun, dia harus magang jadi pembantu pembina bagi para juniornya. "Menjadi seorang Pandu Elang membuat penduduk setempat mengakui Sutomo sebagai seorang pemimpin pemuda," kata Frederick. Keterampilan khusus yang dikuasai Sutomo menjadi bekal dia mencari nafkah untuk menopang hidup selama orangtuanya kesulitan uang.

Aktivitasnya di KBI, ujar Frederick, mengenalkan Bung Tomo kepada kegiatan politik sehingga dia ditunjuk menjadi sekretaris ranting Parindra di kampungnya.

Sutomo juga berminat pada sandiwara hingga membentuk kelompok drama. Boleh jadi para seniornya di KBI yang mengenalkan sejarah Robert Baden Powell, pensiunan jenderal Kerajaan Inggris yang mendirikan organisasi kepanduan dunia. Baden Powell memang pandai bermain musik (piano dan biola), teater, berenang, berlayar, berkemah, mengarang, dan menggambar. "Pendidikan terbesar Bung Tomo dari kepanduan," kata Sulistina Sutomo, istri Bung Tomo.

Sulistina bersaksi, kepanduan membuat suaminya tak hanya paham soal kenegaraan dan palang merah, tapi juga pandai memanjakannya. "Dia pintar memasak. Sewaktu menikah, aku enggak bisa masak, dia yang memasak. Saya suka masakannya," kata Sulistina.

Dalam buku Frederick, Bung Tomo mengakui peran penting kepanduan yang telah membentuk karakternya. "Kepanduan tak hanya memperkuat wawasan kebangsaan saya, juga mengajari keahlian praktis dan menjadi dasar kehidupan masa depan," tulisnya.

LEPAS BAJU MODAL REPUBLIK

Satu-satunya pemuda dari luar Jakarta yang terpilih sebagai anggota panitia Gerakan Rakyat Baru. Forum perkenalan dengan tokoh pergerakan nasional.

SUTOMO spontan melepas baju yang ia pakai, lalu membantingnya. Gara-garanya, ia kesal mendengar argumen sebagian pemuda bahwa kemerdekaan Indonesia tertunda antara lain karena hambatan ekonomi. "Kalau negeri ini tak punya uang, jual baju saya," kata Sutomo, seperti ditirukan anak keduanya, Bambang Sulistomo, akhir Oktober 2015.

Bambang mengisahkan kembali cerita yang ia dengar dari bapaknya. Pada awal Juli 1945, Bung Tomo berangkat ke Jakarta memenuhi undangan sidang Gerakan Rakyat Baru. Naik kereta api dari Surabaya, Bung Tomo pergi tanpa membawa baju ganti. Di ruang sidang, Bung Tomo melepas satu-satunya baju yang ia pakai.

Pertemuan Gerakan Rakyat Baru itu berlangsung di Gedung Chuo Sangi In (Badan Pertimbangan Pusat) pada 6

Juli 1945. Sekarang tempat itu menjadi Gedung Pancasila, di kompleks Kementerian Luar Negeri, Pejambon, Jakarta Pusat.

Delapan puluh pemuda dari beragam organisasi menghadiri pertemuan itu. Mereka datang atas rekomendasi empat promotor, yakni Sukarno, Mohammad Hatta, Kiai Wahid Hasyim, dan Wiranatakusumah. Pemerintah Jepang menunjuk keempat promotor ini pada awal Juli 1945.

Bung Tomo, 1947.

DOK. PERPUSTAKAAN NASIONAL

Bung Tomo hadir berkat rekomendasi dua promotor, yakni Bung Hatta dan Wahid Hasyim. "Saya diberi tahu oleh Wahid Hasyim (almarhum)," kata Bung Tomo dalam buku *Menembus Kabut Gelap: Bung Tomo Menggugat*.

Waktu itu Bung Tomo bekerja sebagai wartawan di kantor berita Jepang, *Domei*—cikal bakal kantor berita Antara. Sebelum menjadi wartawan, Bung Tomo pernah mendapat penghargaan Eagle Scout dari Kepanduan Bangsa Indonesia di era penjajahan Belanda.

William H. Frederick dalam buku *Pandangan dan Gejolak: Masyarakat Kota dan Lahirnya Revolusi Indonesia* menyinggung hal di luar prestasi dan rekam jejak Bung Tomo. Sutomo, menurut dia, juga populer karena kebetulan memiliki nama serupa dengan Soetomo, dokter terkenal yang juga merupakan tokoh pergerakan nasional.

Sidang menunjuk 15 orang sebagai anggota panitia Gerakan Rakyat Baru. Sutomo merupakan satu-satunya pemuda dari luar Jakarta yang menjadi anggota. Pemuda asal Jakarta yang terpilih antara lain B.M. Diah, Chairul Saleh, Sukarni, dan Anwar Tjokroaminoto. Berada di tengah tokoh-tokoh berpandangan revolusioner, dalam bukunya, Sutomo mengaku "merasa benar-benar kecil".

Menurut B.M. Diah, dalam buku *Angkatan Baru '45*, panitia Gerakan Rakyat Baru yang terpilih memiliki kesamaan dalam bersikap dan beraksi politik terhadap pemerintah Jepang.

Jauh sebelum Bung Tomo datang ke Jakarta, sejumlah pemuda beberapa kali mengadakan pertemuan di rumah B.M. Diah di Jalan Yogya, Jakarta—sekarang di Jalan Ki Mangunsarkoro 75. Pada 15 Juni, sepuluh pemuda menyepakati anggaran dasar dan pedoman kerja Angkatan Baru Indonesia. Gerakan pemuda diam-diam ini rupanya tercium tentara Jepang. Dalam sidang kedelapan Chuo Sangi In pada 18 Juni, Panglima Tertinggi Angkatan Perang Jepang di Jawa, Letnan Jenderal Y. Nagano, mengumumkan pembentukan Gerakan Rakyat Baru sebagai pengganti beberapa organisasi pemuda bentukan Jepang sebelumnya.

Pembentukan wadah baru pemuda ini rupanya hanya untuk meredam gerakan B.M. Diah dan kawan-kawan. Kepala Departemen Urusan Umum Pemerintahan Militer Jepang, Mayor Jenderal Otoshi Nishimura, menegaskan bahwa setiap pemuda yang tergabung dalam Gerakan Rakyat Baru harus tunduk sepenuhnya pada Gunseikanbu (pemerintah militer Jepang). Selain itu, Gerakan Rakyat Baru harus bekerja di bawah pengawasan pejabat pemerintah Jepang.

Mengetahui tujuan pemerintah Jepang, anggota Panitia Gerakan Rakyat Baru bersiasat agar bisa memasukkan agenda mereka. Panitia mengusulkan opsi sembilan nama Gerakan Rakyat Baru, di antaranya Barisan Republik Indonesia, Gerakan Nasional Indonesia, dan Gerakan Indonesia Pasti Merdeka.

Dalam rapat panitia Gerakan Rakyat Baru, menurut B.M. Diah, muncul juga usul tujuan organisasi, yakni membangun negara Republik Indonesia yang berdasarkan kedaulatan rakyat. Tentu saja pihak Jepang tak menyetujui usul nama dan tujuan organisasi yang menggunakan kata republik itu.

Lewat secarik kertas, pejabat Gunseikanbu Saito meminta Sukarno, yang merupakan ketua sidang, menolak usul penggunaan kata republik. Sukarno pun membacakan permintaan pemerintah Jepang itu di depan peserta rapat.

Protes keras segera bermunculan. Bung Tomo termasuk peserta rapat yang maju ke mimbar untuk mendebat Sukarno. Ia mengkritik sikap Sukarno yang dianggapnya mendukung Jepang. “Kalau Bung Karno terus-menerus bersikap seperti sekarang ini, suatu waktu rakyat akan kehilangan kepercayaan,” kata Bung Tomo. Hadirin serentak bertepuk tangan mengiringi Bung Tomo yang turun dari mimbar.

Sewaktu Bung Tomo kembali duduk di kursi, Kiai Haji Mas Mansur menepuk bahunya. "Ya, begitulah, Nak, seharusnya. Bila bukan yang muda-muda yang mulai, siapa lagi yang akan berani?" kata tokoh Muhammadiyah itu, seperti ditulis Bung Tomo dalam buku *Menembus Kabut Gelap: Bung Tomo Menggugat.*

Pemuda lain pun menunjukkan sikap tegas. Adam Malik, misalnya, meninggalkan ruang sidang setelah menyatakan protes. B.M. Diah melakukan hal serupa. "Saudara yang mengerti kehendak Angkatan Baru barangkali dapat mengerti bahwa kita tidak bisa bersikap lain daripada meninggalkan sidang," kata B.M. Diah sebelum meninggalkan ruangan.

Langkah Adam Malik dan B.M. Diah diikuti peserta sidang lain, seperti Chaerul Saleh, Muwardi, Pandu Wiguna, Wikana, Sukarni, Chalid Rasjidi, Sudiro, Trimurti, Harsono Tjokroaminoto, Supeno, dan Asmara Hadi.

Meski menyampaikan protes keras, Sutomo termasuk pemuda yang tak meninggalkan ruang sidang. Menurut B.M. Diah, Bung Tomo tampak kebingungan seperti tidak paham atas apa yang terjadi. "Ia memang tidak pernah berhubungan langsung dengan gerakan pemuda di Jakarta," kata B.M. Diah dalam buku *Angkatan Baru '45*.

Setelah diboikot para pemuda, Gerakan Rakyat Baru tak pernah bersidang lagi. Namun, bagi Sutomo, forum itu telah memberi kesempatan berharga untuk bersentuhan langsung dengan tokoh pergerakan di Jakarta.

DUA WAJAH SANG WARTAWAN

Pernah menjadi wartawan di kantor berita pemerintah Jepang. Memasok informasi bagi kaum pergerakan.

BANGUNAN dengan langgam arsitektur Belanda itu tampak kusam. Cat tembok warna krem mengelupas di sana-sini. Lantai keramik dan kaca jendela gedung yang dibangun pada 1930-an itu tak utuh lagi. Di gedung berlantai dua di Jalan Pahlawan 114, Surabaya, ini, Sutomo pernah meniti karier sebagai wartawan pada 1942-1945.

Bangunan berlantai dua yang kini menjadi cagar budaya itu merupakan bekas kantor *Domei*, kantor berita Jepang. Dari Surabaya, Bung Tomo bertugas memasok berita untuk semua kantor perwakilan *Domei* di Indonesia. Berita disebar lewat pesan kawat oleh penyampai pesan yang kala itu disebut markonis.

Berita yang sama juga diterjemahkan markonis Jepang untuk dikirim ke kantor pusat *Domei* di Tokyo. "Bung

TEMPO/ARIS NOVIA HIDAYAT

Gedung Brantas, bekas kantor *Domei* di Jalan Pahlawan 114, Surabaya.

Tomo tak punya kemampuan sebagai markonis," kata Oscar Motuloh, wartawan dan pewarta foto senior kantor berita Antara, awal November 2015. Oscar pernah menjadi kurator foto para pelaku sejarah nasional, termasuk Bung Tomo.

Pemimpin *Domei* Biro Surabaya kala itu adalah Raden Mas Bintarti, mantan wartawan harian *Pewarta Soerabaia*. Ia mengendalikan meja redaksi dengan bantuan jurnalis muda seperti Bung Tomo, Soemadji Adji Wongsokoesoemo, Fakih Hasan, dan pewarta foto Abdoel Wahab. Total pegawai *Domei* kala itu 30 orang. Belakangan, posisi Bung Tomo cukup mentereng, yakni wakil pemimpin redaksi.

Sebelum bergabung dengan *Domei*, Bung Tomo menjadi redaktur mingguan *Pembela Rakyat* pada 1938 dan koresponden majalah *Poestaka Timur* pada 1939. Bahkan, sebelum menjadi wartawan, Bung Tomo rajin mengirim tulisan ke *Soeara Oemoem* di Surabaya. Ia juga menjadi pengisi kolom tetap di harian *Express*. Sebagian tulisan Bung

Tomo mengandung propaganda untuk melawan penjajah Belanda.

Ketika Jepang masuk ke Surabaya, karier jurnalistik Bung Tomo sempat terhenti. Ia tergoda propaganda Jepang membangun front kekuatan Asia Timur Raya. Bung Tomo pun mendaftar ke Angkatan Laut Kekaisaran Jepang atau Kaigun. Tak sampai tiga bulan, Bung Tomo keluar dari Kaigun lalu bekerja di kantor berita *Domei*. "Waktu itu memang ada lowongan menjadi wartawan *Domei*. Kesempatan itu terbuka bagi warga Indonesia," ujar sejarawan Rushdy Hoesein.

Di bawah kendali Jepang, wartawan *Domei* tak melulu bergulat dengan berita. Bung Tomo dan sejawatnya juga diharuskan mengikuti latihan baris-berbaris dan gerak badan. Aktivitas itu ia jalani bersama barisan pemuda atau Seinen Kunrensho setiap pekan. "Pelatihnya adalah Kono, personel Badan Urusan Propaganda Jepang, yang juga mengajar teknik peperangan," kata Soebagijo Ilham Notodidjojo dalam bukunya, *Lima Windu Antara*.

Kendati mendapat gaji lumayan, Bung Tomo merasa kebebasannya dikekang. Musababnya adalah aturan pemerintah Jepang yang menerapkan pengawasan ketat atas lalu lintas informasi dan media massa. Badan Urusan Propaganda Jepang mewajibkan registrasi atas semua kepemilikan radio serta menyegel sinyal penangkap siaran di luar frekuensi yang mereka tentukan.

Semua berita *Domei* wajib melewati pintu petugas sensor. Tak boleh satu pun kata luput dari pengawasan mereka. Hanya berita yang menguntungkan Jepang yang boleh disebar. Kemenangan Jepang dalam Perang Pasifik, misalnya, menjadi prioritas untuk terus diberitakan. Sedangkan hal-hal yang berbau kekalahan Jepang tak boleh diulas. Pelanggaran atas aturan Jepang itu, menurut Soebagijo, bisa berujung pada hukuman mati.

Bung Tomo dan jurnalis pada umumnya tak punya pilihan selain mengikuti aturan tersebut. Toh, menurut Soebagijo, dengan tetap bekerja di *Domei*, Bung Tomo bisa mengakses dan menyuplai informasi penting bagi kaum pergerakan kemerdekaan. Ketika proklamasi kemerdekaan Indonesia dibacakan pada 17 Agustus 1945, misalnya, Bung Tomo, yang menerima kabar dari seorang markonis, segera meneruskan informasi tersebut ke harian *Soeara Asia*.

Sejak 17 Agustus 1945, kantor *Domei* Surabaya tak beroperasi lagi. Markonis dan staf urusan telekomunikasi mengambili properti kantor. Mereka membawa pulang pesawat radio, mesin ketik, serta alat penerima dan pemancar pesan.

Setelah *Domei* bubar, Bung Tomo mengajak sejumlah rekannya sesama mantan wartawan mendirikan *Kantor Berita Indonesia*. Mereka menjalankan aktivitas jurnalistiknya di Jalan Tunjungan 100. Persis di depan Hotel Majapahit—dulu Hotel Yamato—itu kini berdiri bangunan Monumen Pers 45.

Dunia wartawan kembali ditinggalkan Bung Tomo setelah ia menjadi pemimpin Barisan Pemberontakan Republik Indonesia pada Oktober 1945. Bung Tomo menyerahkan jabatan pimpinan *Kantor Berita Indonesia* kepada Bintarti, mantan atasannya di *Domei*.

Belakangan, kantor *Kantor Berita Indonesia* melebur menjadi bagian dari kantor berita *Antara*. Kantornya kembali menempati gedung bekas kantor berita *Domei* yang ketika itu bernama Jalan Aloen-Aloen 28. Kini gedung di Jalan Pahlawan 114 itu, yang menyimpan jejak sejarah Bung Tomo, tampak kusam, seperti bangunan tak bertuan.

TERJUNGKAL
DI GELANGGANG POLITIK

Barisan Pemberontakan Rakyat Indonesia disulap menjadi Partai Rakyat Indonesia. Partai Bung Tomo ini lebih dekat dengan Masyumi dan Partai Sosialis Indonesia, berseberangan dengan Partai Nasional Indonesia dan Partai Komunis Indonesia. Bung Tomo kerap mengkritik Sukarno, yang dinilai gagal mewujudkan kesejahteraan rakyat. Karier politiknya sebagai wakil rakyat habis setelah Sukarno membubarkan parlemen dengan dekrit.

Semasa menjabat menteri, 1950.

DOK KELUARGA

BABAK-BELUR PARTAI KELAPA

Mendirikan Partai Rakyat Indonesia bersama pemuda bekas pejuang. Minim dukungan, partai tamat setelah Sukarno mengeluarkan dekrit.

SETELAH memimpin laskar pemuda melawan tentara Jepang dan Sekutu, Sutomo banting setir ke gelanggang politik. Alih-alih berkolaborasi dengan tokoh pergerakan nasional lain, Bung Tomo memilih bersaing dengan para politikus yang terbilang lebih senior.

Sebagai modal awal, Bung Tomo mengajak pemuda bekas anggota Barisan Pemberontakan Rakyat Indonesia mendirikan Partai Rakyat Indonesia (PRI) pada 20 Mei 1950. "Setelah bergerak di mana-mana dan didorong temannya, akhirnya Bapak mendirikan partai politik," kata Bambang Sulistomo, anak kedua Sutomo.

Menata partai baru yang berkantor pusat di Jalan Gondangdia Lama 18, Jakarta, Bung Tomo pun harus sering pergi ke Ibu Kota. Ia semakin kerap meninggalkan istrinya,

Sulistina Sutomo, di rumahnya di Malang, Jawa Timur. "Bung Tomo sibuk bukan main dengan partainya, sehingga jarang di rumah," kata Sulistina.

Dalam buku *Menembus Kabut Gelap: Bung Tomo Menggugat*, yang memuat pidato Sutomo di hadapan kader PRI pada 1959, tertulis bahwa Partai Rakyat Indonesia lahir untuk melawan penguasa yang melenceng dari cita-cita perjuangan kemerdekaan.

Di mata Bung Tomo, waktu itu banyak pemimpin yang mengutamakan kesenangan pribadi, hidup bermewah-mewah, serta mementingkan partai dan golongan daripada negara dan nasib rakyat. Pada saat yang sama, korupsi pun makin merajalela. "Kita, kaum patriot, ingin menentang dan

DOK. PERPUSTAKAAN NASIONAL

Memberikan pidato untuk Partai Rakyat Indonesia di Bandung, September 1955.

ingin melawan keadaan buruk itu dengan alat yang diizinkan hukum," tulis Bung Tomo.

Sutomo melihat kancah politik kala itu terbelah menjadi dua kubu besar yang berhadap-hadapan. Di kubu pertama ada Partai Nasional Indonesia dan Partai Komunis Indonesia, yang banyak didengar oleh Presiden Sukarno. Di seberangnya ada kubu Masyumi, Partai Sosialis Indonesia, dan Partai Rakyat Indonesia, yang dekat dengan Mohammad Hatta.

Bung Tomo menetapkan misi PRI sesuai dengan perkembangan situasi politik. Ketika PKI terang-terangan mendukung gerakan komunis internasional yang dipimpin Uni Soviet, misalnya, Sutomo membawa PRI bergabung dalam pembentukan Front Nasional seperti Kongres Rakyat. Menurut Sutomo, PRI perlu ambil bagian dalam upaya mengimbangi gerakan politik PKI.

Lalu, sewaktu Konferensi Meja Bundar menyepakati penguasaan Belanda atas wilayah Irian Barat, Sutomo mengarahkan PRI bergabung dengan gerakan pembebasan Irian Barat dan mencegah upaya memecah belah Angkatan Bersenjata.

Sutomo menyatakan visi dan misi politik PRI mendapat sambutan hangat dari masyarakat. Bekas wartawan ini menyebutkan cabang PRI bertumbuhan di seluruh Indonesia dalam waktu singkat. "Dari Sumatera sampai ke Banda Naira (Maluku). Cabang PRI tumbuh dengan pesat, beribu-ribu ranting timbul secara spontan," demikian Bung Tomo menulis.

Pada usianya yang masih "seumur jagung", PRI yang berlambang pohon kelapa kerap berseberangan dengan PNI dan PKI. Soemarsono, tokoh pertempuran Surabaya yang sekarang menjadi warga negara Australia, mengatakan Bung Tomo sebenarnya berideologi nasionalis. "Namun ia tak menyukai komunisme," kata Soemarsono pada akhir September lalu. Lelaki 94 tahun ini pernah bersama Bung Tomo di Pemuda Republik Indonesia, laskar rakyat yang melucuti senjata tentara Jepang.

Bung Tomo semakin jauh dari kubu PNI dan PKI ketika kabinet yang dipimpin Perdana Menteri Ali Sastroamidjojo diganti oleh kabinet yang dinakhodai Burhanuddin Harahap pada Agustus 1955—sebulan sebelum Indonesia menggelar pemilihan umum pertama. Dalam kabinet yang hanya berumur tujuh bulan itu (sampai Maret 1956), Bung Tomo menjadi Menteri Negara Urusan Bekas Pejuang Bersenjata/ Veteran dan Menteri Sosial ad interim.

Kabinet Burhanuddin sebenarnya merupakan kabinet koalisi berbagai partai. Namun, karena perwakilan Masyumi mendominasi, banyak yang menyebutnya Kabinet Masyumi. Adapun PNI dan PKI waktu itu berlaku sebagai oposisi.

Selama berada di kabinet Burhanuddin, Sutomo rupanya merasa jadi sasaran tembak lawan-lawan politiknya. Buku *Menembus Kabut Gelap: Bung Tomo Menggugat*, misalnya, membeberkan kampanye hitam menjelang pemilihan umum parlemen 1955. Syahdan, di Bali beredar kabar bahwa Sutomo telah bergabung sebagai kader Masyumi dan mempunyai misi mengislamkan warga Bali yang mayoritas Hindu.

Pada Pemilu 1955, pucuk pimpinan PRI di Bali menargetkan bisa meraih tiga kursi parlemen dari Pulau Dewata. Adapun secara nasional, PRI memasang target menguasai 20 kursi parlemen. Ternyata target itu meleset. Partai ini hanya meraih 206.161 suara (0,55 persen). PRI hanya berhak atas dua kursi di Dewan Perwakilan Rakyat. Salah satunya jatah Bung Tomo. Dalam pemilihan anggota konstituante, PRI meraih 134.011 suara, setara dengan 0,35 persen, dan menduduki dua kursi.

Sutomo meyakini kampanye hitam telah menggerus dukungan atas partainya. Ia pun menilai Pemilu 1955 berjalan penuh kecurangan. Bung Tomo menyebut partai-partai besar melakukan tipu muslihat, menebar fitnah dan kabar bohong, serta menipu rakyat dalam kampanye. "Sebagai partai paling muda, PRI ternyata belum cukup 'masak' untuk berhadapan dengan kekuatan PKI dan PNI," tulis Sutomo.

Kekesalan Sutomo kala itu juga diketahui sang istri. "Pencurian suara partai lawan marak terjadi. Perolehan suara di beberapa daerah tak dilaporkan ke pusat. Itu diambil partai lain," ucap Sulistina menceritakan keluhan suaminya.

Sebagai partai baru, menurut Sutomo, PRI tidak memiliki sumber daya untuk bertahan atau melakukan serangan balik atas propaganda hitam. Partai ini bahkan tak memiliki divisi publikasi untuk menggarap isu di masyarakat bawah. "Kaderisasi PRI juga belum berjalan kuat," kata Bung Tomo.

Posisi PRI kian lemah ketika Presiden Sukarno mengumumkan dekrit presiden yang membubarkan parlemen dan konstituante pada 1959. Sebagai gantinya, dibentuklah MPR Sementara dan DPR Gotong-Royong, yang anggotanya ditunjuk Sukarno. Dalam kedua lembaga baru itu, PRI sama sekali tak diberi posisi.

Setelah mengeluarkan dekrit, Sukarno juga menerbitkan aturan baru kepartaian. Tidak semua partai bisa menggelar aktivitas politik. Sukarno hanya memberi restu kepada beberapa partai tertentu. Lagi-lagi PRI tak termasuk partai penerima restu.

Bung Tomo kecewa. Ia melayangkan gugatan ke Pengadilan Negeri Istimewa Jakarta pada 1960. Namun hakim menolak gugatan tersebut. Sejak itu, PRI tak hanya menepi dari gelanggang politik. Partai berlambang kelapa itu pelan-pelan terkubur untuk selamanya.

PAK MENTERI DENGAN MERCEDES TUA

Sempat digosipkan bakal masuk kabinet Sukiman. Baru keturutan empat tahun kemudian di kabinet Burhanuddin justru ketika namanya tak diperhitungkan.

DALAM suatu pesta kecil-kecilan seusai lomba sepak bola pada 1955, Sutomo menghampiri istrinya, Sulistina. "Tuh, Bung Karno ingin berdansa dengan kamu," Sulistina bercerita, menirukan ucapan sang suami kepadanya ketika itu.

Sepanjang dansa, Sulistina—kini 90 tahun—terus memandangi cekungan-cekungan di wajah Bung Karno. Sadar diperhatikan, yang dipandang bertanya, "Aku burik, ya?" Sulistina hanya bisa mengangguk. "Dari jauh ganteng, dari dekat enggak," Sulistina, yang ditemui pada medio Oktober 2015 di kediamannya di Kota Wisata Cibubur, Kabupaten Bogor, mengenang penilaiannya terhadap Sukarno.

Pesta dansa itu digelar saat Bung Tomo menjabat Menteri Negara Urusan Bekas Pejuang di kabinet Perdana Menteri Burhanuddin Harahap dari Partai Masyumi. Sepenggal

DOK. KELUARGA

Saat menjabat Menteri Negara Urusan Bekas Pejuang di kantornya, 1955.

peristiwa dalam pesta itu adalah sebagian dari memori singkat Sulistina mengenai suaminya ketika jadi menteri. Seringkas masa kerja kabinet Burhanuddin, yang cuma tujuh bulan. "Mas Tom bilang, jadi menteri itu seperti orang duduk: bokong belum panas sudah harus berdiri," ujar Sulistina dalam buku *Bung Tomo Suamiku: Biar Rakyat yang Menilai Kepahlawananmu.*

Nama Bung Tomo masuk pada detik-detik akhir penentuan kursi kabinet Burhanuddin Harahap. Kendaraan politik Bung Tomo, Partai Rakyat Indonesia (PRI), tak masuk hitungan komposisi kabinet. Menurut Sulistina, Wakil Presiden Mohammad Hatta yang mengusulkan suaminya jadi menteri.

Tapi, menurut anak kedua Bung Tomo, Bambang Sulistomo, yang mengajak ayahnya masuk kabinet adalah Burhanuddin. Bambang baru lima tahun ketika itu. "Bung Tomo jadi menteri karena dia pejuang saja," katanya.

PRI baru lima tahun berdiri kala itu. Partai tersebut juga tidak punya kursi di parlemen sementara. Kans PRI menjadi terbuka karena upaya Masyumi menggandeng Partai Nasional Indonesia (PNI) masuk kabinet berjalan alot.

Tahu bahwa koalisi dua partai terbesar ini terancam gagal, partai-partai kecil mulai pasang kuda-kuda. Beberapa disebut sampai "jual mahal". "Ada partai-partai kecil yang menghendaki dua kursi apabila kerja sama PNI dengan Masyumi gagal dalam pembentukan kabinet Burhanuddin," tulis harian *Haluan* pada 10 Agustus 1955.

Dua hari kemudian, 12 Agustus 1955, Masyumi benar-benar gagal merangkul PNI. Nama Bung Tomo, yang sama sekali tidak diprediksi, ikut dilantik jadi menteri oleh Mohammad Hatta. Presiden Sukarno sedang pergi beribadah haji, sehingga Wakil Presiden yang menunjuk formatur dan melantik kabinet.

Banyak ucapan selamat mengalir, termasuk dari PRI. PRI juga meminta parlemen dan surat kabar mengawasi gerak-gerik ketua partainya selama jadi menteri. "Kami pun akan senantiasa mengawasi dan mengoreksi yang demikian itu terhadap tindakan Bung Tomo di dalam lingkungan partai kami," bunyi pernyataan PRI dalam harian *Merdeka*, sehari setelah pelantikan kabinet.

Jalan Bung Tomo menuju kabinet sebetulnya bukan tiba-tiba. Dia sudah lama dekat dengan Bung Karno. Pernah suatu hari pada Juli 1954, Sutomo diajak ke Nusa Tenggara Timur. Setiap kali usai pidato, Bung Karno mengenalkan Sutomo kepada rakyat setempat. "Bung Karno sering mengatakan, jika beliau wafat, Mas Tom yang akan menggantikannya," kata Sulistina. "Mas hanya tertawa. Memangnya ini kerajaan?"

Tomo juga dekat dengan sejumlah politikus Ibu Kota. Setelah mendirikan PRI pada 20 Mei 1950, Bung Tomo boyongan ke kantor partai di Jalan Gondangdia Lama 18,

Jakarta. "*Aku saiki dadi politikus tenan, Tien. Aku rapat sedina nganti ping pitu* (Saya sekarang jadi politikus sungguhan, Tien. Saya rapat sehari sampai tujuh kali)," ucap Tomo menyurati istrinya, 16 April 1951. Saat itu, Sutomo membantu Ketua PNI sekaligus Ketua Parlemen, Sartono, yang ditugasi jadi formatur kabinet oleh Sukarno. Bung Tomo bertugas sebagai penghubung resmi antarpartai.

Tak hanya menemani Sartono, Sutomo juga lekat dengan rekan-rekan politiknya di Badan Permusyawaratan Partai-Partai (BPPP). Badan ini terdiri atas sepuluh partai, kecuali Masyumi. Di antaranya Partai Komunis Indonesia, Partai Sarekat Islam Indonesia, Persatuan Tarbiyah Islamiyah, Murba, Partai Buruh, Parindra, dan Partai Rakyat Nasional. "Sartono dianggap hendak membentuk kabinet koalisi antara PNI dan BPPP," kata Herbert Feith dalam *The Decline of Constitutional Democracy in Indonesia*. Padahal Sukarno meminta kabinet mewakili kekuatan semua partai di parlemen.

Sutomo tetap menjadi penghubung antarpartai kendati Sartono—yang gagal menggandeng Masyumi—digantikan oleh Sidik Djojosukarto (PNI) dan Sukiman Wirjosandjojo (Masyumi) sebagai formatur baru. Mereka bertiga diberi waktu lima hari, plus perpanjangan tiga hari, guna membentuk kabinet koalisi.

Saking dekatnya Bung Tomo dengan formatur kabinet, muncul desas-desus di kalangan politikus Jakarta waktu itu. Dia digosipkan akan kebagian kursi di kabinet Sukiman. "Ah Tien, seandainya saja aku dapat bersua denganmu, aku akan menertawakannya dalam pelukanmu," ujar Sutomo dalam surat kepada istrinya.

* * *

DALAM karier menteri yang singkat itu, Bung Tomo dan PRI menjadi pendukung utama Masyumi di tengah gempuran politik PNI, yang memilih jadi oposisi. Bersama Partai Katolik dan Demokrat, mereka tetap mendukung Masyumi kendati Partai Nahdlatul Ulama dan Partai Sarekat Islam Indonesia (PSII) menarik wakilnya dari kabinet Burhanuddin pada 20 Januari 1956.

Sulistina dan Bambang Sulistomo tak ingat betul apa yang diperbuat Sutomo selama jadi menteri. Tapi, sebelum duduk di posisi itu, pada 1952 Bung Tomo sempat mengkritik program rekonstruksi dan rasionalisasi angkatan perang usulan Amir Sjarifuddin yang dilanjutkan Hatta. "Orang lain itu kadang-kadang kurang berdaya atau sama sekali tidak berdaya menghadapi keadaan sesudah kedaulatan Republik Indonesia. Di antara mereka yang kurang berdaya tersebut adalah para bekas pejuang bersenjata," Sutomo menulis *Kemana Bekas Pedjuang Bersendjata* pada 1952.

Program itu bertujuan menciutkan jumlah anggota angkatan perang dan meningkatkan efisiensinya. Ada 350 ribu anggota tentara reguler dan 470 ribu anggota laskar saat itu. Jumlah tersebut mesti dikurangi jadi 160 ribu. "Tujuan akhirnya untuk membentuk sebuah tentara tetap yang terlatih baik dan bersenjata lengkap dengan jumlah personel 57 ribu prajurit reguler," Ulf Sundhaussen menulis dalam *Politik Militer Indonesia 1945-1967*.

Tiga tahun setelah Sutomo mengkritik perlakuan pemerintah terhadap veteran pejuang, dia ditunjuk jadi menteri yang mesti mengurusi masalah ini. Belum ada catatan yang merekam jelas apa yang dilakukan Sutomo selama itu. Yang jelas, dua tahun setelah Sutomo menjabat menteri, keluar Undang-Undang Nomor 75 Tahun 1957 tentang Veteran Pejuang Kemerdekaan Republik Indonesia, yang mengatur penghargaan dan pendaftaran para pejuang itu.

Sutomo merangkap jabatan sebagai Menteri Sosial *ad interim* setelah PSII menarik diri dari kabinet dan Sudibjo menanggalkan kursi Menteri Sosial. Saat menjadi Menteri Sosial itu, Bung Tomo menyempatkan diri pergi ke Indramayu kendati pemberontakan Darul Islam masih berderu. "Di Indramayu, gadis-gadis yang ke Jakarta menjual diri karena keadaan ekonomi," Sulistina menulis dalam *Bung Tomo Suamiku: Biar Rakyat yang Menilai Kepahlawananmu.* Di pengujung kabinet Burhanuddin, Bung Tomo ngotot agar kabinet menghapus hasil perjanjian Konferensi Meja Bundar sebelum demisioner. "Bung Tom pidato sampai naik ke meja!"

Sementara Sulistina mengingat suaminya pernah naik meja, Bambang Sulistomo terkenang saat dia diajak naik mobil oleh bapaknya. Sekeluarga kala itu kondangan ke Semarang. "Itulah sekali-kalinya naik mobil dikawal *voorijder*," ujar Bambang. Bung Tomo kebagian mobil dinas Mercedes tua saat menteri-menteri lain mendapat yang lebih gres.

KRITIK BERBUNTUT KONFLIK

Mengkritik keputusan Sukarno menikahi Hartini. Sikap kritisnya menjalar hingga ke urusan politik.

MAYOR Jenderal Bambang Soegeng datang tergesa ke kantor Partai Rakyat Indonesia di Jalan Gondangdia Lama 18, Jakarta, di suatu pagi pada 1952. Kepala Staf TNI Angkatan Darat itu bergegas turun dari sepeda motor untuk menemui ketua partai, Sutomo. "Waduh, gawat, Bung Karno pacaran dengan seorang wanita di Salatiga. Wanita yang masih mempunyai suami," kata Soegeng, seperti dikisahkan istri Sutomo, Sulistina Sutomo, dalam buku *Bung Tomo Suamiku: Biar Rakyat yang Menilai Kepahlawananmu.*

Sutomo terperanjat mendengar kabar dari sahabatnya itu. "Astagfirullah," katanya. "Bagaimana, ya, Pak Bambang. Itu kan merusak pagar ayu. Nanti bagaimana akibatnya?" Menurut Sulistina, suaminya terlihat sedih mendapati berita itu. Bung Tomo bahkan sempat termenung cukup lama.

Siti Suhartini, itulah nama perempuan yang dimaksud Soegeng. Ia lebih dikenal sebagai Hartini. Sukarno bertemu dengannya saat singgah di Salatiga, Jawa Tengah, di sela kunjungan ke Yogyakarta. Usia perempuan beranak lima asal Ponorogo, Jawa Timur, itu terpaut 23 tahun lebih muda dari Sukarno. Saat itu Hartini, yang tinggal tak jauh dari kediaman Wali Kota Salatiga, diminta membantu menyiapkan makanan untuk rombongan presiden. Ia memasak sayur lodeh untuk disuguhkan kepada Sukarno.

Bambang Sulistomo, anak kedua Bung Tomo, masih mengingat betapa ayahnya semula sangat akrab dengan Sukarno sejak masa revolusi. Saking dekatnya dengan Sukarno, Bung Tomo kerap diundang sarapan bareng di Istana. Namun kabar dari Soegeng telah mengusik Bung Tomo. Hingga suatu pagi Bung Tomo mendatangi Istana untuk mendapat penjelasan langsung dari Sukarno.

Seusai santap pagi, kata Bambang, Bung Tomo memberanikan diri bertanya. "*Mas, enek sing cerito, jarene Mas iki ngene yo?* (Mas, ada yang cerita, katanya Mas ini begitu ya [berencana menikahi Hartini—red.])?" ucapnya kepada Sukarno. Presiden pertama Indonesia ini tak menjawab pertanyaan dari rekan seperjuangannya itu.

Bung Tomo tak menyerah atas reaksi diam Sukarno. Setengah mendesak, ia mengulangi pertanyaannya. "Apa betul, Mas?" kata Bung Tomo, seperti ditirukan Bambang. Lagi-lagi Bung Karno membisu. Geregetan tak mendapat jawaban, Bung Tomo langsung menyemprot Sukarno. "*Mas, ojo ngono. Wong Jowo iku ora entuk nabrak pager ayu* (Mas, jangan begitu. Orang Jawa itu tidak boleh menikahi perempuan yang masih bersuami)."

Mendengar perkataan Bung Tomo, Sukarno langsung berdiri dan membanting piring. "*Kowe iki ngerti opo, arek enom, kok!* (Kamu itu mengerti apa, anak muda!)" Tak mau

DOK. PERPUSTAKAAN NASIONAL

Bertemu dengan Presiden Sukarno, Juli 1950.

kalah, Bung Tomo juga ikut membanting piring. "*Yo wis nek gak gelem dikandhani ambek adike dewe. Iku pantangan, Mas!* (Ya sudah, kalau tidak mau dinasihati adik sendiri. Itu pantangan, Mas!)"

Seusai cekcok singkat tersebut, Bung Tomo langsung angkat kaki dari Istana dan kembali ke kediamannya di Malang, Jawa Timur. Ia lantas menceritakan peristiwa di Istana kepada istrinya. "Saat itu Ibu bilang ke Bapak, 'Awas ya kalau Mas Tomo balik ke Istana, enggak boleh pulang ke sini'," kata Bambang. Kejadian itu merupakan sarapan terakhir Bung Tomo bersama Sukarno.

Menurut Bambang, kritik yang menyenggol kehidupan pribadi itu memicu keretakan hubungan antara ayahnya dan Sukarno. Namun Sulistina mafhum dengan reaksi suaminya. "Dia orang yang sangat setia," kata Sulistina saat dijumpai di kediamannya, akhir Oktober 2015. Keputusan Sukarno memperistri Hartini tak hanya diprotes Bung Tomo, yang dikenal antipoligami, tapi juga dikecam Persatuan Wanita Republik Indonesia (Perwari).

Sikap kritis Bung Tomo rupanya menjalar ke gelanggang politik. Bambang mengatakan, sewaktu menjadi anggota Dewan Perwakilan Rakyat ayahnya pernah mengkritik Sukarno karena dianggap terlalu mendengar suara Partai Komunis Indonesia. "Bapak kecewa berat dengan PKI di peristiwa Madiun," katanya. Kedekatan Sukarno dengan PKI, menurut Sulistina, dikhawatirkan mendorong masuknya pengaruh komunis Uni Soviet ke Tanah Air—keadaan yang tidak diinginkan oleh Bung Tomo. "Tapi itu enggak digubris."

Pengamat politik dari Lembaga Ilmu Pengetahuan Indonesia, Arbi Sanit, dalam pengantar buku *Menembus Kabut Gelap: Bung Tomo Menggugat*, menyatakan Bung Tomo memang tak pernah kapok mengkritik Sukarno. Ia, misalnya, pernah menulis surat yang berjudul "Nota 10 November, Menembus Kabut Jang Gelap Dewasa Ini". "Tulisan itu menganalisis persoalan persaingan antara kaum politisi dan militer pada 1950-an," kata Arbi.

Surat tertanggal 17 November 1956 itu ditujukan khusus kepada Sukarno. Dalam tulisannya, Bung Tomo tanpa tedeng aling-aling menyatakan bahwa Sukarno dan kabinet Ali Sastroamidjojo telah gagal mewujudkan kesejahteraan rakyat. "Orang tampaknya tidak tahu apa yang harus diperbuat kalau kabinet yang sekarang ini harus mengembalikan mandat," katanya. "Orang ragu-ragu apakah dapat diusahakan gantinya yang benar-benar dapat mengatasi keadaan sekarang ini."

Namun segala kritik itu seakan-akan berimbas balik kepada Bung Tomo. Arbi mengatakan pemerintah Sukarno mengasingkan Bung Tomo dan partainya secara politik. Sukarno menghabisi peran politik Bung Tomo sebagai wakil rakyat saat membubarkan DPR melalui Dekrit Presiden 5 Juli 1959. Ia beralasan parlemen tidak bisa bekerja sama dengan pemerintah dalam penyusunan rancangan anggaran negara. Sukarno juga membubarkan PRI, yang hanya meraup dua kursi dari Pemilihan Umum 1955.

Keputusan Sukarno membuat Bung Tomo berang. Menurut dia, alasan Sukarno tidak dapat diterima. Parlemen, kata Bung Tomo, menolak rancangan anggaran dari pemerintah karena dinilai terlalu membebani rakyat. "Kita semua melihat bagaimana seenaknya saja kabinet yang dipimpin Sukarno itu telah membubarkan DPR hasil pilihan rakyat," ujarnya. Ia lantas menggugat Sukarno ke Pengadilan Negeri Istimewa Jakarta pada 24 Agustus 1960.

Sejarawan Rushdy Hoesein mengatakan Bung Tomo sebenarnya tidak berandil besar secara politik. "Dia agak oposisi, suka nyeleneh, suka nyeletuk," ujarnya. Namun bukan berarti Bung Tomo tak meninggalkan jejak selama menjadi politikus. Dalam buku *Bung Tomo: Vokalis DPR 1956-1959* disebutkan bahwa Bung Tomo merupakan orang pertama yang mengajukan mosi pembatalan perjanjian Konferensi Meja Bundar (KMB), yang dianggap sebagai warisan pemerintah kolonial Belanda.

Saat itu Bung Tomo dan partainya masuk kabinet Burhanuddin Harahap. Rancangan undang-undang untuk menghapuskan KMB sudah rampung dibuat dan tinggal menunggu pengesahan dari Sukarno. Namun, sayangnya, sang Presiden berkeras tidak mau meneken rancangan itu. "Bung Karno beralasan menunggu sampai terbentuknya kabinet sesudah pemilu," kata Bung Tomo dalam buku *Menembus Kabut Gelap: Bung Tomo Menggugat.*

Konflik demi konflik mengiringi interaksi Bung Tomo dengan Sukarno selepas kemerdekaan. Menurut Arbi Sanit, Bung Tomo sukses besar dalam revolusi fisik. Kekalahan tentara Sekutu dalam pertempuran heroik 10 November 1945 di Surabaya menjadi buktinya. Tapi nasib Bung Tomo berubah drastis selepas periode itu. "Kepahlawanannya pada masa damai, di medan politik, jauh dari cemerlang."

SEPUCUK SURAT UNTUK EISENHOWER

Menulis surat politik kepada Eisenhower, Mao Tse Tung, dan Chiang Kai Shek. Bahasa Inggris belepotan.

DI tengah kesibukannya sebagai Menteri Negara Urusan Bekas Pejuang Bersenjata, Bung Tomo masih sempat menulis surat politik. Dia kerap menggotong mesin ketik portabel dari ruang makan ke kamar tidur ataupun sebaliknya.

Menurut putranya, Bambang Sulistomo, sang ayah sering mengetik pada malam hari di ruang makan rumahnya di Jalan Jenggala II Nomor 8, Kebayoran Baru, Jakarta Selatan. Salah satunya surat terbuka kepada Presiden Amerika Serikat Dwight David Eisenhower, yang ditulis bertepatan dengan pembukaan Konferensi Asia-Afrika pada 18 April 1955 di Bandung.

Amerika bukan peserta Konferensi. Tapi Bung Tomo tak nyaman dengan kekhawatiran Negeri Abang Sam dan

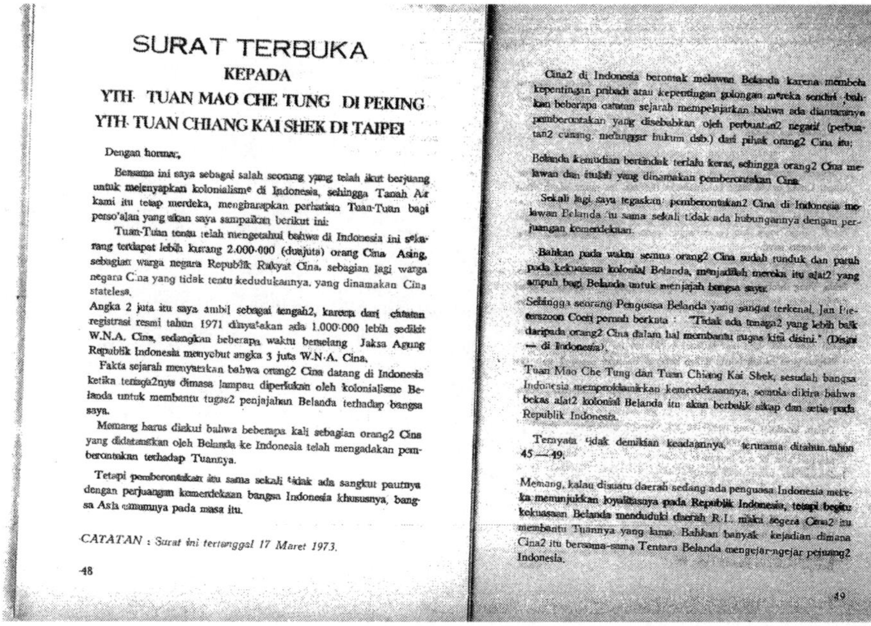

SURAT TERBUKA

KEPADA

YTH. TUAN MAO CHE TUNG DI PEKING

YTH. TUAN CHIANG KAI SHEK DI TAIPEI

Dengan hormat,

Bersama ini saya sebagai salah seorang yang telah ikut berjuang untuk melenyapkan kolonialisme di Indonesia, sehingga Tanah Air kami itu tetap merdeka, mengharapkan perhatian Tuan-Tuan bagi perso'alan yang akan saya sampaikan berikut ini:

Tuan-Tuan tentu telah mengetahui bahwa di Indonesia ini sekarang terdapat lebih kurang 2.000.000 (duajuta) orang Cina Asing, sebagian warga negara Republik Rakyat Cina, sebagian lagi warga negara Cina yang tidak tentu kedudukannya, yang dinamakan Cina stateless.

Angka 2 juta itu saya ambil sebagai tengah2, karena dari catatan registrasi resmi tahun 1971 dinyatakan ada 1.000.000 lebih sedikit W.N.A. Cina, sedangkan beberapa waktu berselang Jaksa Agung Republik Indonesia menyebut angka 3 juta W.N.A. Cina.

Fakta sejarah menyatakan bahwa orang2 Cina datang di Indonesia ketika tenaga2nya dimasa lampau diperlukan oleh kolonialisme Belanda untuk membantu tugas2 penjajahan Belanda terhadap bangsa saya.

Memang harus diakui bahwa beberapa kali sebagian orang2 Cina yang didatangkan oleh Belanda ke Indonesia telah mengadakan pemberontakan terhadap Tuannya.

Tetapi pemberontakan itu sama sekali tidak ada sangkut pautnya dengan perjuangan kemerdekaan bangsa Indonesia khususnya, bangsa Asia umumnya pada masa itu.

CATATAN : Surat ini tertanggal 17 Maret 1973.

48

Cina2 di Indonesia berontak melawan Belanda karena membela kepentingan pribadi atau kepentingan golongan mereka sendiri ; bahkan beberapa catatan sejarah mempelajarkan bahwa ada diantaranya pemberontakan yang disebabkan oleh perbuatan2 negatif (perbuatan2 curang, melanggar hukum dsb.) dari pihak orang2 Cina itu;

Belanda kemudian bertindak terlalu keras, sehingga orang2 Cina melawan dan itulah yang dinamakan pemberontakan Cina.

Sekali lagi saya tegaskan: pemberontakan2 Cina di Indonesia melawan Belanda itu sama sekali tidak ada hubungannya dengan perjuangan kemerdekaan.

Bahkan pada waktu semua orang2 Cina sudah tunduk dan patuh pada kekuasaan kolonial Belanda, menjadilah mereka itu alat2 yang ampuh bagi Belanda untuk menjajah bangsa saya.

Sehingga seorang Penguasa Belanda yang sangat terkenal, Jan Pieterszoon Coen pernah berkata : "Tidak ada tenaga2 yang lebih baik daripada orang2 Cina dalam hal membantu tugas kita disini." (Disini — di Indonesia).

Tuan Mao Che Tung dan Tuan Chiang Kai Shek, sesudah bangsa Indonesia memproklamirkan kemerdekaannya, semula dikira bahwa bekas alat2 kolonial Belanda itu akan berbalik sikap dan setia pada Republik Indonesia.

Ternyata tidak demikian keadaannya, terutama ditahun-tahun 45 — 49.

Memang, kalau disuatu daerah sedang ada penguasa Indonesia mereka menunjukkan loyalitasnya pada Republik Indonesia, tetapi begitu kekuasaan Belanda menduduki daerah R.I., maka segera Cina2 itu membantu Tuannya yang lama. Bahkan banyak kejadian dimana Cina2 itu bersama-sama Tentara Belanda mengejar-ngejar pejuang2 Indonesia.

49

Surat Bung Tomo untuk Mao Tse Tung.

negara-negara sekutunya terhadap konferensi yang dihadiri Cina, negeri berpaham komunis, yang berseberangan dengan paham Amerika, itu. Washington khawatir Cina akan menjadikan negara-negara anggota Konferensi Asia Afrika sebagai sekutu. "Surat itu untuk mengingatkan supaya Perang Dingin jangan sampai merembet ke Indonesia," kata Bambang, pertengahan Oktober 2015.

Dalam surat itu, Bung Tomo memuji Eisenhower, yang dia nilai berhasil memimpin negara-negara Eropa Timur dalam Perang Dingin melawan Uni Soviet, khususnya karena tujuan perang itu adalah untuk membuat dunia terbebas dari fasisme dan membuat orang bebas dari rasa takut. "Anda telah menjadi favorit saya, selain jenderal Sekutu lainnya," ujar Bung Tomo.

Bung Tomo menulis dengan bahasa Inggris yang belepotan, seperti, "*Mr. Eisenhower, at that time I entertained full hope from the Allied leaders including you, that all promises contained in the Allied war aim would be complied with honestly.*"

Meski demikian, gagasan utamanya masih teraba. Bung Tomo menekankan perannya sebagai tokoh pembakar api revolusi pemuda Surabaya pada 10 November 1945. Dia mengkritik pandangan Amerika yang tidak senang terhadap Indonesia karena Indonesia didominasi komunis, sehingga tak mendukung langkah Jakarta merebut kembali Iran Barat (Papua) dari tangan Belanda. Padahal, kata Bung Tomo, komunis justru terus memberi dukungan moral terhadap Indonesia.

Bung Tomo juga mengkritik langkah Amerika dan sekutunya yang membentuk Pakta Pertahanan Asia Tenggara (SEATO) untuk membendung berkembangnya komunis di Asia. "Mr. Eisenhower, biarkan orang Asia dan Afrika mengelola urusan mereka sendiri."

Bung Tomo sebetulnya tak begitu suka terhadap paham komunis. Menurut istrinya, Sulistina, Bung Tomo sering mengingatkan Bung Karno agar awas terhadap Partai Komunis Indonesia. "Dia khawatir Rusia bisa masuk ke sini. Nah, itu tak digubris," ucap Sulistina.

Setelah Eisenhower, hampir dua dekade kemudian giliran pemimpin Cina, Mao Tse Tung, dan pemimpin Taiwan, Chiang Kai Shek, yang kebagian kiriman surat Bung Tomo. Dalam surat bertanggal 17 Maret 1973 itu, Bung Tomo khawatir adanya gesekan ekonomi dan sosial antara warga keturunan Cina dan warga lain di Indonesia.

Menurut sejarawan Anhar Gonggong, ketika itu memang ada pertentangan ekonomi yang kuat sehingga muncul ketidaksenangan terhadap warga keturunan Cina. Bahkan ekonomi Indonesia di era pemerintahan Presiden Soeharto didominasi pengusaha Cina. "Pak Harto kan koneksi Cinanya kuat," ujar Anhar.

Tapi surat-surat Bung Tomo itu tak mendapat respons dari Eisenhower dan para pemimpin lainnya. Menurut Anhar, Bung Tomo tidak bisa berbuat apa-apa karena tidak punya kekuatan politik. "Kalau mau melakukan sesuatu yang berkaitan dengan kekuasaan, harus punya kekuatan politik," katanya.

BERAKHIR
DI TANAH SUCI

PERAN politik Sutomo meredup pada akhir 1950-an. Bisnisnya pun tak pernah untung. Kerap dicela lantaran hanya lulusan sekolah rendah, dia mendaftar menjadi mahasiswa pada usia yang tak lagi muda. Belakangan, kritik kerasnya terhadap Orde Baru mengantar dia ke penjara. Naik haji dengan menggadaikan lukisan, perjalanan Bung Tomo berakhir di Arafah.

Saat ditahan di Wisma Nirbaya, April 1978.

DOK. KELUARGA

MAHASISWA POPULER NIHIL GELAR

Menjadi mahasiswa menjelang kepala empat, Sutomo mendorong gerakan antikomunis. Sempat mendukung Golkar, ia kemudian berseberangan dengan Soeharto.

"HIDUP KAMI! Hidup mahasiswa!" Pekik itu dilantangkan Sutomo pada suatu hari di pertokoan Cikini, Jakarta Pusat, awal 1966. Bukan berorasi, pemuda pejuang yang masyhur dengan nama Bung Tomo itu sekadar menyapa tiga mahasiswa yang melintas di kawasan tersebut.

Salah satu mahasiswa itu Rushdy Hoessein, kini sejarawan. "Saya masih tingkat I," kata Rushdy, mengenang perjumpaan tak sengaja dengan Sutomo.

Hari-hari itu gelombang unjuk rasa yang dilancarkan Kesatuan Aksi Mahasiswa Indonesia (KAMI) dan organisasi lain, seperti Kesatuan Aksi Pelajar Indonesia, yang didukung tentara masih menggelora di Jakarta dan daerah lain. Mereka menyuarakan tiga tuntutan: pembubaran Partai Komunis Indonesia, perombakan kabinet, dan penurunan harga.

Menurut Rushdy, saat itu mahasiswa tingkat I Fakultas Kedokteran Universitas Indonesia, Bung Tomo sebagai penentang komunisme kerap menjadi "kompor" aksi mahasiswa dan pelajar.

Sutomo tergolong mahasiswa "telat". Dia baru mulai kuliah di Fakultas Ekonomi Universitas Indonesia pada 1959, di usia 39 tahun, jauh setelah masa perjuangan kemerdekaan berakhir. Menurut anak keduanya, Bambang Sulistomo, Bung Tomo memutuskan kuliah karena gusar terus-terusan diejek "kurang pendidikan" oleh para pejuang Surabaya.

"Bapak pernah dihina oleh orang-orang intelektual, 'Bung Tomo *ngerti* apa, enggak sekolah'," ucap Bambang saat bertandang ke kantor *Tempo* pada pertengahan Oktober 2015.

DOK. PERPUSTAKAAN NASIONAL

Memberikan ceramah antargenerasi di Gedung Kebangkitan Nasional, Jakarta, 1976.

Berasal dari keluarga tak mampu, Bung Tomo selama di Surabaya hanya lulus Holland Inlander School atau sekolah rendah untuk kaum pribumi. "Rumahnya gubuk bambu," kata Sulistina, 90 tahun, istri Bung Tomo. Sambil bersekolah, Sutomo membantu orangtuanya mencuci pakaian atau mengais duit dengan menjadi pemungut bola di lapangan tenis.

Dalam buku *Bung Tomo Suamiku: Biar Rakyat yang Menilai Kepahlawananmu* dan beberapa buku lain, disebutkan Sutomo pernah mengenyam Leidse Scrift Onderwiys Hoogere Burgerschool (HBS), pendidikan menengah setingkat SMP dan SMA selama lima tahun. Cuma, Sulistina dan Bambang mengatakan, dia tak sampai lulus HBS.

Bung Tomo sebenarnya sempat mengikuti kursus jurnalistik jarak jauh dari Negeri Belanda, tapi tak memperoleh ijazah. Soalnya ijazah harus diambil sendiri di Belanda. "Dia tak punya duit," kata Rushdy. Pendidikannya yang rendah membuat Sutomo agak terkucil dari pergaulan dengan tokoh-tokoh intelektual dan sering diejek.

Gusar diejek, Sutomo akhirnya menemui Profesor Doktor Djokosoetono, Dekan Fakultas Ekonomi UI. Dalam buku *Bung Tomo Suamiku*, Sulistina bercerita, Sutomo akhirnya mendapat kesempatan mengikuti ujian *colloquium doctum*—tes masuk perguruan tinggi berdasarkan kompetensi tanpa memandang ijazah yang dimiliki—bersama tiga orang lain. Selama dua bulan Sutomo mempersiapkan diri agar tak tertinggal dalam pelajaran SMP dan SMA. Tiga dosen kemudian mengujinya dan dia lulus.

Bekas Ketua Dewan Mahasiswa Universitas Indonesia, Hariman Siregar, mengingat, sebagai mahasiswa, Bung Tomo suka beranjangsana ke berbagai SMA di Jakarta untuk berpidato setelah peristiwa 1965. Kala itu Hariman masih duduk di bangku SMA. Tapi, menurut "motor" peristiwa

Malari atau Malapetaka 15 Januari 1974 itu, pidato Bung Tomo jarang memprovokasi. "Lebih banyak bicara tentang semangat juang," katanya.

Sutomo juga kerap mengkritik gaya hidup mahasiswa. Dalam surat untuk Senat Mahasiswa UI pada 18 April 1963, dia mempertanyakan kabar banyak mahasiswi bersedia menjadi wanita penghibur demi mendapatkan duit. "Banyaknya gadis yang tidak lagi mementingkan '*love is for the hearts*' (cinta untuk hati), tetapi menganggap sudah benar kalau '*love is for the purse*' (cinta untuk dompet) kesemuanya itu hanya menggembirakan bagi bandot-bandot tua yang banyak uang," tulisnya.

Setelah Gerakan 30 September (G-30-S), Bung Tomo berada di seberang Sukarno, dalam hal komunisme. Pada akhir Mei 1966, misalnya, dia mengirim surat terbuka untuk Bung Karno yang dimuat di *Kompas*. Dalam surat tersebut, dia menyatakan dukungannya kepada mahasiswa dan menuntut pembentukan kabinet Amanat Penderitaan Rakyat atau Ampera di bawah pimpinan Jenderal A.H. Nasution, Letnan Jenderal Soeharto, dan Sri Sultan Hamengku Buwono IX.

"Ketiga mereka tidak akan dipengaruhi oleh *like* dan *dislike* untuk memilih menteri-menteri yang akan diserahkan kepada Bung Karno," tulis Sutomo. Dalam surat itu dia juga mengkritik gaya hidup pejabat dan keluarganya yang menghamburkan duit rakyat.

Pada tahun-tahun awal setelah G-30-S itu, Bung Tomo sepenuhnya mendukung Soeharto. Dia menyokong pula pembentukan Sekretariat Bersama Golkar. "Golkar ini harapan kita semua," kata Bambang menirukan ucapan ayahnya.

Belakangan, melihat Soeharto dan Golkar ternyata tak sesuai dengan harapannya, Sutomo berbalik arah. William H. Frederick, profesor sejarah di Ohio University, Amerika Serikat, dalam tulisannya, *In Memoriam: Sutomo*, mengatakan, pada awal 1970-an, Sutomo kerap mengkritik Orde Baru, terutama soal korupsi dan penyalahgunaan kekuasaan. "Tak ada yang berani melarangnya menyampaikan pendapat," tulis Frederick.

Bung Tomo tak hanya mengkritik lewat tulisan. Menurut Bambang, pada 1974 ayahnya pernah bertemu dengan Soeharto di Jalan Cendana, Menteng, Jakarta Pusat. "Saat itu dia mengingatkan Soeharto tentang arah pembangunan ekonomi Orde Baru yang tak lagi prorakyat dan berkiblat kepada konglomerat," kata Bambang.

Dan terjadilah. Pemerintah Orde Baru menjebloskan Sutomo pada 1 April 1978 ke penjara Nirbaya. Setahun kemudian, dia bebas. Meski begitu, Bung Tomo tetap vokal mengkritik Orde Baru. "Banyak mahasiswa mengaguminya. Dia menjadi sangat populer di kalangan kaum muda dan muslim," tulis Frederick.

* * *

SEBENARNYA nilai ujian Sutomo amat baik. "Termasuk *cum laude* atau dengan pujian," kata Sulistina. Lantaran aktif berpolitik, kuliah Bung Tomo tersendat-sendat. Baru pada 1968 dia memasuki masa prayudisium.

Bambang Sulistomo mengatakan, ayahnya mengambil tema skripsi pembangunan ekonomi di perdesaan, dengan pembimbing Selo Soemardjan, pakar sosiologi. Penelitiannya dilakukan di sejumlah desa di kawasan tengah Indonesia, seperti Bali dan Nusa Tenggara.

"Tesisnya sudah selesai sebelum naik haji," kata Sulistina. Sayang, skripsi itu tak pernah diuji. Toga tak pernah tersemat di kepala Bung Tomo. Orator pejuang itu berpulang saat wukuf di Arafah pada 7 Oktober 1981, 22 tahun setelah menjadi mahasiswa.

PERCETAKAN HINGGA PABRIK SABUN

Menggeluti beragam bidang usaha. Hampir semuanya gagal. Sebagian menyisakan utang.

KANTOR di Jalan Glintung Nomor 32, Malang, Jawa Timur, itu dulu rumah tinggal. Pada 1950-an, Sutomo pernah menyewa rumah itu untuk tempat kerja perusahaan percetakan miliknya, CV Balapan.

Tuti Musiwati, yang kala itu baru belasan tahun, ingat betul Balapan punya sebelas pegawai yang setiap hari berkutat dengan mesin cetak, tinta, dan alat potong kertas. Di sana juga bekerja empat pegawai administrasi. "Kalau banyak pesanan, mereka bekerja lembur," kata Tuti, sekarang 58 tahun, Kamis, akhir Oktober 2015.

Bung Tomo sering tiba-tiba nongol di rumah tersebut kalau kebetulan bertugas di Malang. Biasanya dia lalu mengajak para pegawai ngobrol. "Pakde Tomo akrab dengan pegawai.

REPRO: TEMPO/EKO WIDIANTO

Pegawai percetakan Balapan milik Bung Tomo.

Orangnya supel," ujar Tuti, anak ketiga dari Kapten Mulyadi, Direktur CV Balapan.

Mulyadi berkawan baik dengan Bung Tomo. Ketika peristiwa 10 November 1945 Surabaya meletus, dia bergabung dengan laskar rakyat bersama Bung Tomo. Tatkala mendirikan CV Balapan pada 1953, Bung Tomo menyerahkan tanggung jawab pengelolaan percetakan kepada Mulyadi.

Bambang Sulistomo, anak kedua Bung Tomo, mengatakan percetakan tersebut sengaja didirikan untuk membantu para legiun veteran di Malang. "Bapak kasih ke teman-temannya bekas pejuang," kata Bambang, awal Oktober 2015.

Istri Bung Tomo, Sulistina, 90 tahun, mengatakan perusahaan itu didirikan atas desakannya. Saban hari dia mengeluh karena mereka tak memiliki perusahaan sendiri, padahal

Bung Tomo sering membantu teman-temannya berbisnis. "Aku bilang begini, 'Kapan kita punya perusahaan sendiri? Kalau enggak, aku kerja saja'," ujar Sulistina di kediamannya di Kota Wisata Cibubur, Kabupaten Bogor, Jumat, akhir Oktober 2015.

Modal untuk usaha percetakan, menurut Sulistina, dipinjam suaminya dari Bank Dagang Negara. Sulistina lupa jumlahnya. "Perusahaan itu punya kami sendiri, tapi yang mengerjakan teman," katanya.

Menurut Tuti, ayahnyalah yang menemukan rumah di Jalan Glintung tadi. Sebelum berubah menjadi kantor dua lantai seperti sekarang, rumah tinggal itu dulu hanya satu lantai. Bergaya arsitektur Belanda, rumah tersebut berdiri di atas lahan seluas 1.600 meter persegi. Di dalamnya ada empat kamar tidur. Mulyadi dan keluarganya menempati tiga kamar. Kamar yang satunya untuk tempat istirahat para pekerja.

Mulyadi mengubah ruang tamu menjadi tempat bekerja pegawai administrasi. Sedangkan empat mesin cetak merek Heidelberg buatan Jerman dan satu mesin potong dipasang dalam sebuah aula seluas lapangan bulu tangkis di belakang rumah. "Di ruangan itulah tempat produksi," ujar Tuti.

Masa itu CV Balapan begitu tersohor di Malang karena belum ada pesaing. Percetakan ini memasuki masa keemasan pada 1960-1970. Seingat Tuti, Balapan menerima beragam pesanan, seperti pembuatan undangan, buku pelajaran, kartu nama, dan tiket bus. Perusahaan juga pernah menerima order untuk mencetak dokumen rahasia dari militer.

Usaha Balapan meredup seiring dengan munculnya pesaing pada 1980-an. Tuti mengatakan perusahaan-perusahaan baru memiliki banyak kelebihan. Mesin mereka bekerja lebih cepat, hasil cetakannya pun lebih terang.

Ketika Bung Tomo wafat pada 1981, Sulistina mengambil

FOTO: TEMPO/EKO WIDIANTO

Bangunan yang sempat menjadi perusahaan percetakan milik Bung Tomo di Jalan Glintung Nomor 32, Malang.

alih CV Balapan dari Mulyadi. Dia beralasan, selama perusahaan berdiri, keluarganya tak pernah menikmati keuntungan. Sulistina lalu menjual aset Balapan. "Karena perusahaan itu tidak menguntungkan. Hasilnya hanya bisa untuk bayar listrik," katanya.

Balapan bukan perusahaan pertama Bung Tomo. Jejak bisnisnya terentang jauh sebelum mendirikan usaha percetakan itu. Di masa perjuangan mempertahankan kemerdekaan, pemuda kelahiran Surabaya pada 1920 ini pernah merintis aneka bidang usaha, di antaranya pabrik sabun di Surabaya.

Bambang bercerita, ide mendirikan pabrik sabun berawal dari ajakan teman-teman Bung Tomo. Mereka menggalang dana dari tukang becak sebagai modal awal dan Bung Tomo didaulat sebagai koordinator. Sebagai tokoh panutan kala itu,

Bung Tomo dipercaya para tukang becak. Mula-mula mereka membentuk koperasi, yang diharapkan jadi dasar membangun pabrik sabun. "Tapi ide itu kandas karena pergolakan politik waktu itu," ujar Bambang.

Hijrah dari Surabaya ke Jakarta pada 1953, selain mendirikan percetakan di Malang, Bung Tomo mencoba berbisnis alat pemadam kebakaran dan bahan kimia pembersih air. Alat pemadam kebakaran ia impor dari Jepang dan Amerika. Setelah barang-barang tersebut tiba, kata Bambang, Bung Tomo kesulitan memasarkannya. "Akhirnya mangkrak begitu saja."

Putri bungsu Bung Tomo, Ratna Sulistami, sempat mendapat tugas menjual alat pemadam impor tersebut. "Saya berkeliling kawasan Menteng, tawarin satu-satu," ucap Ratna, Jumat, akhir Oktober 2015. Tapi tak banyak yang laku. Nasib usaha zat kimia pembersih air sama saja.

Di luar berbagai bisnis tadi, menurut Bambang, ayahnya kerap diajak bekerja sama menggarap proyek pemerintah. Dia menduga Bung Tomo disertakan karena dekat dengan pemerintah. Kebanyakan pengusaha sebenarnya cuma ingin menjadikan mantan pejuang itu beking. "Mereka berharap, kalau Bung Tomo ada, bisa mendobrak dan masuk ke pemerintah, bisnis bisa sukses," kata Bambang. Dari kerja sama ini, Bung Tomo memperoleh *fee*.

Moechtar, 80 tahun, Pemimpin Redaksi *Panjebar Semangat*—majalah berbahasa Jawa di Surabaya kala itu—bercerita, suatu ketika Bung Tomo mengajak dia mengunjungi kawasan tambang belerang di Gunung Welirang, Mojokerto, Jawa Timur. Mereka baru berkenalan setahun sebelumnya, pada 1950, ketika Moechtar mewawancarainya. Selain Moechtar, ada beberapa pengusaha menyertai Bung Tomo.

Waktu itu Bung Tomo hendak menjadi pemasok belerang buat perusahaan kosmetik, pabrik semen, dan industri baja di Surabaya. "Saya tak tahu persis. Mungkin juga diekspor," ujar Moechtar di Surabaya, Oktober 2015. Namun, setelah kunjungan, Moechtar tak mendengar lagi perkembangan rencana bisnis belerang tersebut.

Bisnis yang lebih besar pernah Bung Tomo geluti ketika keluar dari penjara Nirbaya, Jakarta Selatan, pada 1979. Waktu itu Kementerian Kehutanan memberinya izin hak pengusahaan hutan seluas 115 ribu hektare di Kabupaten Sintang, Kalimantan Barat. Bung Tomo lalu menggandeng perusahaan asal Korea Selatan dengan membentuk usaha bersama, PT Ahju Balapan Jaya. Bukannya untung, bisnis ini malah menyisakan utang bagi keluarga.

TIPU MUSLIHAT SEJAWAT GINSENG

Mendapat hak pengusahaan hutan secara cuma-cuma dari negara. Bukannya untung, malah buntung ditipu rekanan.

MENTERI Kehutanan Soedjarwo iba melihat Sutomo. Kondisi keuangan tokoh pemuda Jawa Timur yang dulu menonjol itu morat-marit. “Dia lihat bapak saya hidupnya susah,” kata Bambang Sulistomo, anak kedua Si Bung, pertengahan Oktober 2015.

Setelah itu, Soedjarwo menyerahkan lahan seluas 115 ribu hektare di Sintang, Kalimantan Barat, secara cuma-cuma. Alasannya, mereka pernah sama-sama berjuang di Solo, Jawa Tengah, bersama Barisan Pemberontakan Rakyat Indonesia. Sutomo adalah pendiri Barisan Pemberontakan menjelang pertempuran Surabaya 1945.

Bung Tomo semula menolak ketika pemerintah memberinya hak konsesi hutan. Meski sempat menampik, ketika tawaran itu datang untuk kedua kalinya, Sutomo luluh

Kayu

Sengketa Bung Tomo

DOK. TEMPO

Tulisan *Tempo* 18 Juli 1981 mengenai hak pengelolaan hutan milik Bung Tomo.

juga. Gara-garanya, sang istri ikut-ikutan mendesak agar mengambil kesempatan itu. Sulistina berpikir, dengan memiliki konsesi tersebut, ada banyak hal yang bisa dilakukan suaminya. Salah satunya keinginan Bung Tomo untuk selalu menolong orang lain.

Dalam buku berjudul *Bung Tomo Suamiku*, Sulistina menulis tentang keseharian Bung Tomo selepas masa-masa perjuangan. Di rumah mereka di Jalan Besuki 27, Jakarta Pusat, suaminya itu kerap kedatangan tamu, baik urusan negara maupun urusan kecil-kecil. “Kata Mas Tom, justru urusan kecil itu menyangkut rakyat kecil,” ujar Sulistina dalam buku tersebut.

Dengan tekun, lelaki kelahiran Surabaya, 3 Oktober 1920, itu mendengarkan keluhan buruh dan pedagang kecil. Sebagian besar masalah mereka adalah soal hukum, terutama diperlakukan tidak adil terkait dengan perkara tanah. Kerap kali *wong cilik* ini harus menghadapi kenyataan tanahnya hilang direbut orang lain. Saat itulah bekas wartawan kantor berita *Domei* ini tergerak menjadi pembela di pengadilan meski tanpa imbalan sepeser pun.

Nah, dengan pemasukan yang tak sebanding dengan pengeluaran itulah Sulistina berharap banyak dari hak pengusahaan hutan (HPH) di Sintang. Sayangnya, keluarga buta cara mengelola hutan. Akibatnya, lahan sempat tak terurus sekian tahun sampai Kementerian Kehutanan menunjuk rekanan dari Korea Selatan, PT Ahju Forestry Company Limited, untuk menggarap lahan tersebut.

Bung Tomo tak buru-buru setuju. Soalnya ia mendapat informasi bahwa investor dari Negeri Ginseng itu sesungguhnya tak punya modal. "Sama melaratnya dengan kami. Bedanya, dia ulet mencari partner di negerinya," kata Sulistina. Si Bung yang saat itu kadung dongkol mengusulkan investor lain, yakni PT Kodeco Timber.

Usul Sutomo membuat para investor Korea itu kebingungan. Mereka pontang-panting membujuk Bung Tomo. Mereka bilang ada partner yang sudah telanjur bersiap di negerinya. Dirayu tak henti-henti, pasangan yang menikah pada Juni 1947 ini akhirnya luluh juga. Kerja sama dimulai dengan membentuk perusahaan patungan yang diberi nama PT Ahju Balapan Jaya.

Dari Ahju Balapan itu, Bung Tomo diberi jatah 30 persen kepemilikan plus mendapat posisi sebagai wakil direktur. Sedangkan pihak Korea mendapat porsi mayoritas karena sudah menanamkan modal sebesar US$ 7,3 juta dan mendatangkan para pekerja dari negaranya.

Nyatanya, pekerja di perusahaan itu tak punya keahlian apa-apa. Pernah suatu ketika ada persoalan tentang pengiriman minyak. Karena tak paham betul soal kondisi di lokasi, seseorang bernama Park sembarangan menyewa *tug boat*. Akibatnya kapal pengangkut minyak itu tenggelam dan perusahaan harus membayar ganti rugi.

Sulistina, yang ditemui *Tempo* pada medio Oktober 2015 di rumahnya, masih ingat bagaimana orang-orang Korea yang dimotori pengusaha bernama Choi Myeong-haeng itu berbuat hal culas lain, seperti penggelapan uang perusahaan. "Duit perusahaan dipakai untuk belanja keperluan pribadi," ujar wanita yang 24 Oktober 2015 genap berusia 90 tahun itu.

Perbuatan itu diketahui Sulistina setelah mengecek buku kas perusahaan ketika Bung Tomo sempat tak aktif di

DOK. KELUARGA

Berbicara menjelang Pemilihan Umum 1977, di Surabaya.

perusahaan karena masuk penjara Nirbaya pada 1978. Wanita yang dulu aktif terlibat di Palang Merah Indonesia ini memang jarang terlibat di perusahaan. Bukan karena ia tak mau, melainkan pengusaha Korea itu tak suka ada wanita terlibat urusan bisnis.

Sulistina akhirnya berani mengusik setelah Bung Tomo memintanya secara khusus mengecek ulang perjanjian dengan Choi. Dalam sebuah surat di buku *Romantisme Bung Tomo*, suaminya menanyakan soal jaminan keuntungan pengelolaan hutan yang dijanjikan baru diberikan pada tahun kedua. Merujuk pada catatan Bung Tomo, perusahaan patungan itu sudah mengekspor 6.000 meter kubik kayu meranti senilai US$ 50 per meter kubik. "Totalnya US$ 300 ribu, kita dapat apa?" kata Bung Tomo dalam surat tersebut.

Bung Tomo sudah curiga terhadap laporan Choi itu. Dari surat kabar yang dibacanya, harga balok meranti semestinya US$ 58 per meter kubik. Artinya perusahaan menjual di bawah harga. "Tanyakan apakah hal tersebut dibenarkan pemerintah? Bila perlu, biar Ir Priyono mengurus langsung mengenai hal itu dengan Choi. Berapa profit kita setiap meter kubik," tulis Bung Tomo.

Kecurigaan itu rupanya berbuntut panjang. Bung Tomo terlibat cekcok dengan Choi karena menganggap rekanannya itu *ngemplang* pendapatan perusahaan. Akibatnya, sepanjang Januari-Juni 1981, sekitar 200 buruh di lokasi terlunta-lunta karena gajinya tak dibayarkan. Sengketa itu mengakibatkan Bank Dagang Negara cabang Pontianak memblokir duit perusahaan senilai Rp 1 miliar.

Menurut Bung Tomo, keterlambatan pembayaran gaji buruh itu karena kesalahan Choi. Pengusaha itu kurang setuju jika pola kerja sama bersandar pada ketentuan pemerintah. "Tindakan mereka terhadap buruh dan cara penebangan hutan sering melanggar aturan. Ini membahayakan saya selaku pemegang HPH," ucap Bung Tomo, seperti ditulis majalah *Tempo* edisi 18 Juli 1981. "Apalagi, di tengah rumitnya persoalan, Choi tiba-tiba pulang kampung, tak pamit kepada saya."

Masih di edisi *Tempo* tersebut, Kedutaan Besar Korea Selatan menjelaskan bahwa kepulangan Choi dan 25 anggota stafnya karena izin kerja yang habis. Kim Chang-ho, juru bicara Kedutaan, membantah jika Choi disebut lari dari tanggung jawab. Ia justru menuding Bung Tomo tak membantu perpanjangan izin kerja Choi dan rekan-rekannya ke Badan Koordinasi Penanaman Modal.

Bambang Sulistomo mengakui, belakangan keluarganya sadar ada perhitungan yang salah. "Dari hasil konsultasi dengan teman-teman, semestinya kami bisa dapat US$ 5-10 per meter kubik karena HPH itu kan seharusnya jadi aset kami, tapi malah enggak dapat apa-apa," ujarnya. Apesnya, belum sempat mengubah perjanjian, Bung Tom keburu wafat pada

7 Oktober 1981.

Tepat setahun kemudian, Sulistina baru tahu bahwa porsi kepemilikan 30 persen yang dimilikinya itu menyisakan utang. Status tersebut diketahuinya setelah pemerintah menerbitkan ancaman pencabutan izin usaha kepada 127 pemegang HPH, termasuk PT Ahju Balapan, karena dianggap melalaikan kewajiban peremajaan dan menunggak iuran hasil hutan (IHH).

Jumlah tunggakan IHH yang harus ditanggung Sulistina kala itu sebesar Rp 100 juta. Tak butuh pikir panjang lagi, demi menutup kewajiban, ia melepas hak konsesi tersebut. "Setelah Bapak meninggal, ya, saya jual."

DIPENJARA BIAR TAK BANYAK BICARA

Dituduh melakukan subversi, Bung Tomo dijebloskan ke tahanan Nirbaya. Dibebaskan setahun kemudian.

RESEPSI pernikahan Bambang Sulistomo dengan Astrid Widajati di ruang Ramayana, Hotel Indonesia, pada Juni 1978 terasa tak lengkap. Tak ada sang ayah yang berdiri di samping Bambang. Hanya Sulistina Sutomo, ibunya, dan paman Bambang yang mendampingi.

Saat itu Bung Tomo masih mendekam di tahanan Nirbaya. Dia tak diizinkan hadir pada acara resepsi. Kejaksaan Agung hanya memberi izin melihat persiapan pernikahan di rumahnya. Itu pun hanya dua jam dan dengan pengawalan ketat.

"Waktu itu kami boyong Bapak ke rumah Jalan Besuki untuk melihat saya ganti pakaian, kemudian balik lagi ke tahanan," kata Bambang, anak kedua Bung Tomo, saat bertandang ke kantor *Tempo*, pertengahan Oktober 2015.

Sulit bagi Sulistina menutupi kesedihannya. Apalagi ketika kawan dan kerabat memberi ucapan selamat sambil berbisik agar dia tetap tabah. "Rasanya air mataku hendak keluar. Aku memandang langit-langit agar air mataku tak jatuh," tulis Sulistina dalam buku *Bung Tomo Suamiku: Biar Rakyat yang Menilai Kepahlawananmu.*

Dua bulan sudah Bung Tomo ditahan. Kritiknya yang pedas terhadap pemerintah Presiden Soeharto di berbagai acara kampus ataupun ketika memberikan ceramah di masjid serta melalui tulisan di sejumlah surat kabar menyeretnya ke Nirbaya. "Dulu Bapak sering diundang ceramah mahasiswa," tutur Bambang.

Penjara itu biasa disebut Inrehab Nirbaya (Instalasi Rehabilitasi Nirbaya). Letaknya di Pondok Gede, Jakarta Timur, tepatnya di samping Taman Mini Indonesia Indah atau sekitar 800 meter di sebelah Asrama Haji Pondok Gede. Di sana Bung Tomo bercampur dengan para tahanan G-30-S, seperti Wakil Perdana Menteri Soebandrio dan Laksamana Madya Udara Omar Dhani.

Sejak 11 April 1978, Bung Tomo menjadi salah satu penghuni Nirbaya. Sehari sebelum penahanan, petugas Komando Operasi Pemulihan Keamanan dan Ketertiban (Kopkamtib) menggedor rumahnya di Jalan Besuki 27 saat menjelang tengah malam. Seluruh rumah, terutama kamar kerja Bung Tomo, digeledah. "Tapi tak ada yang disita," ujar Bambang, seperti dikutip *Tempo* edisi 22 April 1978.

Rupanya, malam itu mereka datang ingin membawa Bung Tomo. Karena Sutomo tak ada di rumah, sedang pergi bersama istrinya ke Pontianak, penahanan ditunda. Petugas itu meninggalkan pesan, meminta Bung Tomo menemui mereka di Jalan Sumbing.

Sesuai dengan pesan itu, Bung Tomo pergi ke alamat yang diberikan petugas. Tak lama di sana, ia kembali ke ru-

DOK. PERPUSTAKAAN NASIONAL

Memberikan ceramah mengenai pergerakan buruh Indonesia di Jakarta, 1970-an.

mah. Pukul 21.00, Bung Tomo kembali diantar menantunya, Indra, dengan membawa koper berisi pakaian dan sikat gigi ke Jalan Sumbing. Sejak itu, dia resmi ditahan. Surat penahanan ditandatangani Jaksa Agung Ali Said, atas permintaan Kopkamtib, dengan tuduhan subversi.

Tak rela suaminya yang dulu pejuang '45 harus hidup bersama tahanan Partai Komunis Indonesia, Sulistina mengajukan permohonan secara tertulis kepada Jaksa Agung Ali Said. Ia memohon agar suaminya dijadikan tahanan rumah. Sesepuh Legiun Veteran Republik Indonesia, Jenderal Daryatmo, juga dimintai bantuan agar mengabulkan permohonannya ke Jaksa Agung. Tapi upaya Sulistina gagal.

Kejaksaan Agung, melalui Jaksa Muda Bidang Operasi Sadili Sastrawijaya, membalas surat Sulistina. Mereka menyampaikan pesan bahwa lembaganya belum menerima laporan dari tim pemeriksa gabungan mengenai hasil pemeriksaan suaminya sehingga keluarga diminta bersabar.

Daryatmo meminta istri Bung Tomo itu bersabar menunggu proses pemeriksaan.

Sebulan pertama, Bung Tomo, seperti dikutip dalam buku *Romantisme Bung Tomo*, harus menjalani pemeriksaan secara intensif tim gabungan dari Kopkamtib dan Kejaksaan Agung. Sepekan rata-rata ia diperiksa 2-4 kali, total 12 kali.

Sutomo juga menyuruh istrinya meminta bantuan Laksamana Muda TNI Mohammad Nazir agar permohonannya kepada Jaksa Agung menjadi status tahanan rumah dikabulkan. Bung Tomo bersedia tidak mengeluarkan pernyataan apa pun selama setahun atau lebih jika permohonannya dikabulkan. Sebab, dia merasa pemerintah sengaja menahannya agar bungkam.

Nasib serupa dialami Profesor Dr Ismail Suny, yang saat itu menjabat Rektor Universitas Muhammadiyah, dan kolumnis terkenal yang ketika itu menjabat Wakil Sekretaris Jenderal Partai Persatuan Pembangunan, Mahbub Djunaidi. Mereka juga dijebloskan ke Nirbaya dengan tuduhan yang sama. Waktu penahanannya juga sama.

Mereka sering diperiksa bersama. Tapi terkadang pemeriksaan dilakukan sendiri-sendiri. Di antara mereka, Mahbub sering absen dari pemeriksaan karena kerap masuk rumah sakit akibat penyakit darah tingginya kambuh sehingga harus dirawat.

Tim pemeriksa itu, menurut Bung Tomo, seperti dalam buku berisi kumpulan surat Bung Tomo, mengajukan pokok tuduhan berbeda di tengah jalan. Mereka tak lagi mengajukan tuduhan subversi, tapi menghasut mahasiswa. Artikel yang dia tulis dan ucapan-ucapannya dalam ceramah menjadi materi yang ditanyakan.

Untuk mempercepat pemeriksaan, Bung Tomo berusaha menyiapkan jawaban dari pertanyaan yang mungkin diajukan. Artikelnya yang pernah dimuat di sejumlah media dia pelajari lagi. Bung Tomo meminta istrinya mengirimkannya dalam bentuk guntingan-guntingan berita dan ditaruh acak bersama makanan dan pakaian bersih yang tiap hari dikirim sang istri. Tujuannya, menyamarkan seolah-olah sobekan koran bekas.

Bung Tomo biasanya membaca potongan surat kabar itu di kamarnya. Selain membaca koran, di sana ia belajar agama.

Bung Tomo rajin berpuasa dan salat tengah malam. Bahkan, menurut Bambang, ayahnya juga sambil menyusun skripsi di tahanan demi mewujudkan cita-citanya mendapat gelar sarjana ekonomi dari Universitas Indonesia. Namun, sayang, bahan-bahan skripsi disita petugas keamanan.

Untuk makan sehari-hari, Bung Tomo hanya makan kiriman dari istri. Biasanya diantarkan setiap pagi. Makanan itu akan dipanaskan lagi untuk makan malam. Bung Tomo membawa kompor dan panci ke dalam tahanan. Ketika bulan puasa, istrinya mengirim makanan pada sore hari.

Pada usianya yang memasuki 58 tahun, Sutomo sering harus periksa ke dokter. Sebulan pertama di dalam tahanan, mata kanannya mengalami radang dan influenza berat. Tapi dia tak sampai menderita penyakit serius seperti Mahbub.

Apabila pergi ke dokter, Bung Tomo diam-diam sering mencuri kesempatan pulang ke rumah. "Ketika ditahan, ada saja akalnya supaya dapat menengok rumah, periksa gigi, periksa mata, dan lain-lain, membujuk pengawal sehingga bisa mampir rumah walau tak lama," ujar istrinya dalam buku *Bung Tomo Suamiku*.

Hal yang paling membuat Bung Tomo sedih, kata Sulistina, adalah saat mengikuti upacara bendera di Nirbaya. Suaminya selalu menangis saat mengamati bendera yang naik perlahan-lahan karena teringat teman-teman yang gugur.

Kesedihan selama hidup di Nirbaya pun berakhir. Setelah melewati pemeriksaan berulang-ulang, Bung Tomo bersama Ismail Suny dan Mahbub Djunaidi dinyatakan bebas. Senin siang, 14 April 1979, Asisten Khusus Jaksa Agung Singgih yang menyerahkan surat pembebasan mereka.

Mendapat kabar suaminya dibebaskan, Sulistina buru-buru pergi ke Kejaksaan Agung. Di sana, dia tiba-tiba dibopong suaminya. "Aku digendong di depan wartawan. Aku menjerit-jerit," tutur nenek 90 tahun itu menceritakan momen tersebut.

Bung Tomo rupanya telah merencanakan itu sebelumnya. "Ini sudah nazar saya. Kalau saya bebas, saya akan membopong istri saya. Dialah yang begitu tabah setiap hari menengok dan mengirim makanan ke Nirbaya," ujarnya, seperti dikutip majalah *Tempo* edisi 18 April 1979.

Bung Tomo meninggalkan Nirbaya seusai salat magrib dijemput istri dan tiga anaknya. Ia mengenakan baju hangat dari wol abu-abu. Barang-barang yang menemaninya selama di tahanan dibawa pulang. Ada tujuh tas, tiga ember plastik, satu koper, satu ranjang lipat, dan kompor.

PERMINTAAN KEPADA SAUDARA TERDEKAT

Bung Tomo mengeluarkan "naskah imbauan" kepada Panglima ABRI dan Kaskopkamtib. Brosur itu kemudian membuatnya kembali meringkuk dalam tahanan.

KETIKAN sepanjang 22 halaman itu ditujukan kepada Panglima Angkatan Bersenjata Republik Indonesia Maraden Panggabean serta Kepala Staf Komando Operasi Pemulihan Keamanan dan Ketertiban (Kaskopkamtib) Laksamana Sudomo. Pengetiknya, Sutomo, menyebut keduanya, "Saudara-saudara terdekat kami, dua tokoh beragama Kristen yang sedang memegang kekuasaan."

Dalam naskah yang ditulis tak lama setelah pemilihan umum digelar pada Mei 1977, Bung Tomo mencurahkan kegelisahan dan pandangannya tentang situasi politik kala itu kepada keduanya. Mantan Menteri Negara Urusan Bekas Pejuang Bersenjata/Veteran ini melihat ada tekanan yang dialami pendukung Partai Persatuan Pembangunan dan Partai

Demokrasi Indonesia dari tentara. Tujuannya jelas, agar Golkar mulus menang pemilu.

Teror dia amati terutama menimpa orang Islam. Menurut Bung Tomo, ada kiai yang menjadi komisaris PPP ditemukan tewas dalam sumur di rumah ulama itu setelah didatangi tentara. Korban kemudian dituduh terlibat dalam gerakan ekstremis Islam, Komando Jihad. Para pendukung partai

Bung Tomo di Jakarta, 1974.

DOK. PERPUSTAKAAN NASIONAL

berlambang Ka'bah juga disuruh menghina Al-Quran dengan cara mengencingi atau mengentutinya. Ini semua terjadi, menurut Bung Tomo, karena gambar Ka'bah merupakan potensi yang dapat mengalahkan Golkar. "Maka pendukung-pendukung gambar Ka'bah harus disikat," tulis Bung Tomo.

Mantan wartawan *Domei* ini juga mempersoalkan penanganan pelanggaran pemilu di pengadilan. Menurut dia, pelanggaran yang ditindaklanjuti hanya dari pendukung PPP. Sedangkan pendukung partai beringin tak maju ke meja hijau.

Di bagian tengah tulisan, Bung Tomo menjelaskan perkara Darul Islam/Tentara Islam Indonesia (DI/TII) yang dianggap sebagai "dosa turunan" umat Islam. Pada majalah *Tempo* 19 November 1977, Bung Tomo mengatakan alasannya. Menurut dia, isu DI/TII yang selalu tiba-tiba muncul menjelang pemilu (dimaksudkan untuk) mendiskreditkan partai Islam. Bung Tomo mencontohkan, "Waktu PPP unggul di salah satu daerah di Jawa Barat, Ketua Umum Golkar Amir Murtono menyebut sebagai hal 'wajar' karena di masa lalu daerah itu merupakan basis DI/TII." Amir adalah mayor jenderal yang dekat dengan Soeharto dan terpilih menjadi Ketua Umum Golkar pada 1973.

Salah satu pendiri Tentara Nasional Indonesia ini mengatakan negara Islam yang hendak didirikan oleh pimpinan DI/TII Kartosoewirjo dan Kahar Muzakar sebenarnya tak pernah ada. Mereka terpaksa menggunakan bendera Islam karena terjepit saat melawan tentara pemerintah.

Saat tentara Siliwangi meninggalkan Jawa Barat karena isi Perjanjian Renville (1948), Kartosoewirjo dan pasukannya berupaya mengamankan wilayah itu atas restu Panglima Jenderal Soedirman. Tapi saat tentara Siliwangi kembali karena Belanda tak menepati janji, terjadilah pertempuran antara Siliwangi dan pasukan Kartosoewirjo yang sudah merasa memiliki daerah tersebut dan berupaya melindunginya. Saat terdesak, Kartosoewirjo memanfaatkan keislaman rakyat Jawa Barat agar ikut berjuang dengan kelompoknya. Dia memproklamasikan DI/TII.

Demikian pula dengan Kahar Muzakar di Sulawesi Selatan. Menurut Bung Tomo, pasukan itu memberontak karena merasa diperlakukan tak adil dalam reformasi pasukan angkatan bersenjata. Mereka menolak pangkat dan kedudukan yang diberikan karena dinilai tak sebanding dengan pengalaman mereka. Kahar, yang terdesak, lalu menggunakan ide yang sama dengan Kartosoewirjo dengan memanfaatkan keislaman penduduk Sulawesi Selatan.

* * *

NASKAH imbauan itu semula dikirimkan kepada sebuah koran di Bandung pada awal Juni 1977. Tapi redaksinya menolak memuat. Tiga koran di Jakarta juga dikabarkan bersikap sama. Namun, tiga bulan kemudian, mingguan *Forum Bandung* dan harian *Masa Kini* (d/h Mercu Suar) Yogyakarta memuat lengkap. Sebelumnya, surat terbuka kepada dua "saudara terdekat" ini juga beredar dalam stensilan, dicetak 10 ribu eksemplar, dan dijual seharga Rp200.

Menurut Bung Tomo, imbauan itu awalnya memang diniatkan agar bisa diterbitkan di media. Namun, belum lagi niat itu terlaksana, dia mendapat informasi bahwa naskah tersebut sudah beredar secara stensilan di pondok pesantren di Jawa Timur. Info isi brosur itu juga sudah diketahui oleh mahasiswa di Bandung.

Mengetahui hal itu, Bung Tomo segera mengirimkan imbauannya kepada Sudomo dan Panggabean. Kopian naskahnya juga dikirimkan kepada tokoh agama Islam, Katolik, Kristen, dan Hindu, seperti Buya Hamka, Ali Mukti, dan Leo Soekoto di Keuskupan Agung Jakarta, pada September.

Pada 15 Oktober, Jaksa Agung melarang imbauan ini terbit. Tapi Bung Tomo tetap menyampaikan isi tulisan itu melalui ceramah di berbagai perguruan tinggi dan masjid. Di IKIP Jakarta, misalnya, dia menjelaskan bahwa Komando Jihad adalah "bikinan" pemerintah.

Sejarawan Anhar Gonggong mengatakan isi tulisan Bung Tomo itu jelas mengkritik tentara. Dengan sistem pemerintahan yang demokratis, semestinya tentara tak berpihak kepada salah satu partai dan menekan para pemilih. "Tekanan itu menunjukkan sistem yang otoriter," kata Anhar, akhir Oktober 2015.

Bung Tomo, menurut dia, berusaha mengingatkan Soeharto bahwa jalan yang ditempuhnya keliru. Sebab, bukan kali itu saja penguasa Orde Baru tersebut menggunakan tentara. Dalam pemilu sebelumnya, yang diselenggarakan pada 1971, tentara juga sudah mengawasi rakyat demi suksesnya Orde Baru.

Bambang Sulistomo, putra Bung Tomo, menyebutkan ayahnya tak cuma mengkritik soal tentara. Dia juga menyinggung pemerintah karena kondisi ekonomi rakyat kala itu memburuk. Kesejahteraan cuma dimiliki oleh segelintir orang yang dekat dengan Soeharto. "Konglomerasi mengambil hak-hak ekonomi rakyat," katanya. "Padahal rakyatlah yang membantu memperjuangkan kemerdekaan."

Kritik Bung Tomo tak sampai di situ. Istri Bung Tomo, Sulistina, mengatakan suaminya pernah menyinggung soal "*tien persen*". Pada saat itu, istri Soeharto, Hartinah—yang akrab disebut dengan Tien Soeharto—dikenal suka minta komisi setiap proyek. Maka muncul istilah "*tien persen*", pelesetan dari *ten percent* atau sepuluh persen. "Karena itu, Bung Tomo dianggap provokator," kata Sulistina.

Bambang mengatakan Bung Tomo juga sempat menulis sajak "sindiran" tentang komisi sepuluh persen. Sajak ini dimuat di *Kompas* dan pernah dibacakan ayahnya di Taman Ismail Marzuki. Namun, dalam sajak itu, Bung Tomo tak menyebutkan nama siapa pun.

* * *

IMBAUAN ini bukan yang pertama dibuat oleh Bung Tomo. Pada 1972, dia menyurati Soeharto tentang anak buahnya yang melanjutkan kebiasaan Sukarno dalam hal wanita. Perilaku seorang anak buah yang berpangkat perwira itu bahkan jadi headline sebuah surat kabar. Belum lagi anak buah lainnya yang gampang terbujuk rayuan orang-orang dari Cina untuk membuka tempat judi. Bung Tomo juga dengan gamblang mengatakan bahwa keluarga Soeharto sudah terlibat dengan percukongan ini dan berusaha memperkaya diri.

Menurut Bambang, imbauan ini menjadi akumulasi kritik Bung Tomo. Dikirim kepada "saudara terdekat", ternyata tujuh bulan kemudian, Sudomo, yang saat itu sudah menjabat Panglima Kopkamtib, meminta Jaksa Agung Ali Said menangkap Bung Tomo. Untuk kedua kalinya, Bung Tomo dijebloskan ke penjara. Dia dituduh menghasut dan ditahan di Nirbaya.

DI ARAFAH, SI BUNG BERPULANG

Terserang dehidrasi akut dan stroke sebelum wafat. Pemindahan jenazahnya dari Tanah Suci ke Tanah Air berlangsung delapan bulan.

SULISTINA ingat betul mata lelah Bung Tomo. Sorot mata yang semula tegas dan kerap sangar saat berpidato jadi memerah nan sayu, lengkap dengan kantong mata yang gelap. Bung Tomo, Sulistina bercerita, terserang dehidrasi akut. Tak jarang pria pemilik nama asli Sutomo itu merasa kepalanya berputar-putar. Tapi Bung Tomo berkukuh untuk tetap mengurus jemaah haji Indonesia.

Penyelenggaraan haji pada 1981 belum seperti sekarang. Selain pemondokan yang sumpek dan tidak membuat nyaman, belum ada pemimpin kelompok terbang haji. "Jemaah saat itu seperti itik kehilangan induknya," tutur Sulistina, istri Bung Tomo, kepada *Tempo* pada medio Oktober 2015 di rumahnya di Kota Wisata Cibubur, Kabupaten Bogor.

Suaminya berinisiatif mengemban tugas dadakan sebagai pemimpin kelompok. Bung Tomo, kata perempuan 90 tahun ini, tak tega melihat jemaah haji Indonesia kebingungan.

Karena itu, Si Bung selalu keluar-masuk pemondokan untuk mengurus banyak hal. Misalnya menjadi penghubung antara jemaah dan *amirul hajj* alias pemimpin rombongan jemaah haji Indonesia, yang saat itu diemban Burhani, Direktur Jenderal Bimbingan Masyarakat Islam dan Urusan Haji Departemen Agama. Belum lagi ia harus naik-turun tangga untuk bisa masuk ke pemondokan.

"Di tengah kesibukan itulah kondisi suami saya menurun," ujar Sulistina. Padahal, menurut dia, sebelum berangkat haji, suaminya tampak sehat-bugar.

Bung Tomo baru menyerah setelah roboh. Ia sempat diperiksa dan diberi obat oleh tim kesehatan. "Tapi tidak diinfus," kata Ratna Sulistami, anak bungsu Bung Tomo yang ikut naik haji.

Ketika tak sadarkan diri, Si Bung akhirnya dilarikan keluarganya ke Rumah Sakit Kerajaan Arab Saudi, Jeddah, pada 3 Oktober 1981, bertepatan dengan hari ulang tahunnya yang ke-61. Menurut diagnosis dokter: Bung Tomo terkena komplikasi dehidrasi akut dan *stroke*.

Dua hari Bung Tomo tak sadarkan diri. Ia baru siuman pada hari ketiga. Itu pun sempat mengalami amnesia ringan. "Baru *ngeh* waktu kami cerita tentang haji," tutur Ratna. Pada hari keempat perawatan, sehari sebelum wukuf di Arafah, Bung Tomo dan keluarganya terpisah.

Bung Tomo sempat bertanya kepada istrinya, "Masih punya uang buat pulang, enggak?" Tapi Sulistina tak ambil pusing. Dia hanya menjawab, "Sudah. Yang penting Mas Tom sembuh dulu."

Esoknya jemaah haji berkumpul di Bukit Arafah, termasuk Bung Tomo, yang datang dengan ditandu. Seorang

DOK. PERPUSTAKAAN NASIONAL

Upacara pemakaman Bung Tomo di Surabaya, Februari 1982.

mantan aktivis dalam Peristiwa Malapetaka 15 Januari (Malari), Hariman Siregar, yang melihat kejadian itu, langsung menghampiri Bung Tomo. Keduanya kenalan dekat. Perkenalan mereka bermula pada 1966, ketika Bung Tomo berpidato di Sekolah Menengah Atas Negeri 3 Jakarta, tempat Hariman dan Bambang Sulistomo—anak kedua Bung Tomo—bersekolah. Kedekatan itu berlanjut sampai pada 1978, sewaktu Si Bung dibui di Wisma Nirbaya. Hariman—kini dokter berumur 65 tahun—kerap menjenguk Bung Tomo di dalam sel.

"Bapak kenapa?" ucap Hariman. Tapi Bung Tomo menjawab pertanyaan tersebut sekenanya. Hanya ada sedikit perbincangan di antara keduanya saat itu. Setelah itu, Hariman mendatangi Burhani untuk menanyakan ihwal rombongan orang sakit tersebut. Usut punya usut, Burhani-lah yang mengajak mereka ke Arafah.

"Wukuf itu inti haji, sekalipun harus sampai mati di sana. Impian semua orang muslim itu adalah meninggal di Tanah Suci," kata Hariman, menirukan jawaban Burhani.

Meski kaget mendengar jawaban tersebut, Hariman tak banyak tanya lantaran waktu wukuf sudah dekat. Keduanya berpamitan. Begitupun kepada Bung Tomo. Itu terakhir kalinya Hariman bertemu dengan Si Bung.

Selesai wukuf, Hariman menemukan Bung Tomo sudah tak bernapas. Hari itu, Rabu, 7 Oktober 1981, empat hari setelah ulang tahun ke-61, Si Bung berpulang.

* * *

SIANG mendekati akhir 1980, setahun setelah bebas dari Nirbaya, Bung Tomo baru saja akan masuk gerbang Masjid Sunda Kelapa saat azan mulai berkumandang. Langkahnya terhenti. Matanya terpejam. "Bibirnya gemetar," Sulistina bercerita.

"Saya ingin naik haji," tutur Sulistina, menirukan perkataan Bung Tomo yang keluar sesaat setelah azan berhenti.

Beberapa pekan kemudian, di suatu sore suaminya membawa pulang sejumlah uang untuk biaya naik haji. Uang itu, menurut Sulistina, Bung Tomo dapat dari menggadaikan lukisan kepada Haji Masagung, pemilik toko buku CV Haji Masagung (kemudian menjadi PT Gunung Agung). Lukisan itu bergambar potret diri Bung Tomo sedang berpidato sebelum serangan 10 November 1945. Bung Tomo sendiri yang melukis.

"Jumlah uangnya tak banyak, tapi cukup untuk naik haji," kata Sulistina. Bung Tomo, Sulistina, dan kedua anak perempuan mereka pun berangkat beribadah haji pada pertengahan September 1981.

Bung Tomo wafat ketika melakukan wukuf di Arafah. Jasadnya langsung dikuburkan secara massal pada hari itu juga bersama puluhan jenazah anggota jemaah haji lainnya di sebuah padang pasir antara Arafah dan Mina. Satu liang lahad untuk empat jenazah. Inilah yang pada kemudian hari membuat anak-anaknya harus membawa dua dokter ahli forensik dari Jakarta, Abdul Mun'im Idries dan Slamet Iman Santoso, untuk mengidentifikasi jenazah ayah mereka.

Bambang Sulistomo mengatakan ayahnya pernah berpesan agar dimakamkan dekat dengan rakyat dan rumah saat meninggal nanti. Namun memindahkan jenazah dari Arab bukan perkara mudah. Kesulitan pertama yang ditemui keluarga adalah perizinan dari Kerajaan Arab Saudi untuk membuka kembali makam. Kendala lain adalah mencari jasad ayah mereka di antara ratusan makam massal tersebut.

Keluarga mengambil langkah pertama dengan mendatangi Majelis Ulama Indonesia untuk meminta fatwa ihwal memindahkan mayat dari Tanah Suci. "Alhamdulillah, tak ada firman dan hadis yang melarang," tutur Bambang. Ini untuk menguatkan alasan pemindahan jenazah.

Kedua, keluarga mendatangi Departemen Luar Negeri untuk meminta bantuan diplomasi. Joop Ave, saat itu menjadi protokol dan konsuler di Departemen, yang berkorespondensi dengan Kerajaan Arab. Setelah delapan bulan, perizinan akhirnya keluar.

Tak ingin buang waktu, Bambang dan dua pakar forensik langsung terbang ke Jeddah dan segera mencari petugas yang menguburkan jenazah Bung Tomo. Beruntung mereka dapat menemukan petugas tersebut.

"Kami juga mendapatkan *ancer-ancer* awal dari Hariman," ujar Bambang. Walhasil, pencarian liang lahad yang diduga makam ayahnya tak menemui kendala. Hasil analisis *post-mortem* gigi Bung Tomo klop. Bambang kaget melihat mayat ayahnya tidak membusuk.

Jenazah Bung Tomo diterbangkan dari Tanah Suci ke Tanah Air dengan pesawat Hercules Tentara Nasional Indonesia. Keluarga kemudian memakamkannya di Tempat Permakaman Umum Ngagel Rejo, Jalan Bung Tomo, Surabaya.

Kini, setelah 34 tahun kematiannya, makam Bung Tomo selalu ramai peziarah. "Biasanya untuk membacakan Surat Yaasin," kata Endang, 71 tahun, perawat makam. Khususnya pada 17 Agustus dan 10 November, Hari Kemerdekaan dan Hari Pahlawan.

KOLOM

BUNG TOMO DAN PERTEMPURAN SURABAYA

Abdul Wahid
Sejarawan dari Universitas Gadjah Mada, Yogyakarta

BUNG Tomo dan Pertempuran Surabaya 10 November 1945 adalah dua ikon penting dalam sejarah revolusi Indonesia. Dalam memori kolektif bangsa, keduanya ditulis dengan tinta emas, diabadikan melalui kurikulum sekolah hingga monumen, serta dihidupkan kembali melalui film dan diorama museum. Historiografi nasional mengkonstruksikan pertempuran Surabaya sebagai titik balik terpenting dalam revolusi kemerdekaan Indonesia.

Peristiwa itu memantik gerakan resistansi serupa di berbagai wilayah Jawa untuk menghalau kembalinya kekuatan imperialis Belanda. Ia menginspirasi gerakan perlawanan rakyat semesta, kemanunggalan kekuatan sipil-tentara, semangat spartan pantang menyerah, dan kerelaan berkorban. Semua ini diawali dan digelorakan oleh pidato-pidato inspiratif Bung Tomo lewat siaran radio. Demikianlah keduanya dikaitkan satu dengan yang lain, dan atas dasar itulah Bung Tomo ditetapkan sebagai pahlawan nasional (meskipun baru pada 2008). Selain itu, terjadinya pertempuran Surabaya diabadikan sebagai Hari Pahlawan.

Namun, adakah informasi dan penafsiran baru dari historiografi Indonesia ini bisa menyegarkan pemahaman dan penafsiran kita tentang tokoh dan peristiwa penting tersebut? Lalu, sejauh mana dunia akademis mampu memberi kita modal untuk melakukan penilaian ulangnya? Pertanyaan itu terasa sangat relevan. Makna penting dari sebuah peringatan tokoh atau peristiwa historis tertentu terus berubah seiring dengan pergeseran kepentingan kita sekarang. Tulisan ini mencoba mengulas peta narasi terbaru tentang Bung Tomo dan Pertempuran Surabaya 1945 secara keseluruhan.

* * *

HINGGA saat ini, historiografi nasional tentang Bung Tomo dan Peristiwa 10 November 1945 masih didominasi oleh narasi yang mengedepankan pendekatan romantik-nasionalistik dan glorifikasi. Hampir semua karya tulis, terutama buku-buku teks sekolah yang disponsori atau di-endorse oleh pemerintah, menekankan peran heroik Bung Tomo dalam Pertempuran Surabaya 1945.

Sosok Bung Tomo divisualkan dengan sangat kuat melalui foto dirinya yang sangat termasyhur, meskipun asal-usulnya masih diperdebatkan. Foto yang menggambarkan ekspresi Bung Tomo saat menyampaikan pidato yang bergelora tersebut, bagi banyak kalangan, merepresentasikan jiwa dan semangat perjuangan revolusi para pemuda Indonesia waktu itu, pemuda Surabaya khususnya. Selain itu, Bung Tomo termasuk tokoh perjuangan di luar Sukarno dan Hatta yang memperoleh gelar "Bung", dan ini memperkuat *image* historis tokoh tersebut. Pendek kata, penghormatan terhadap sosok Bung Tomo sebagai seorang pahlawan telah sampai pada tingkat pengkultusan.

Di luar narasi *mainstream* tersebut, sebenarnya terdapat narasi-narasi lain tentang Bung Tomo yang berkembang di masyarakat, meskipun tingkat popularitasnya lebih rendah. Pertama-tama adalah narasi yang melihat sisi lain dari kiprah Bung Tomo pada masa kemerdekaan, sebagai seorang politikus dan intelektual. Sebagaimana diketahui, setelah sempat "tenggelam" selama 1950-an, kiprah politik Bung Tomo kembali terlihat pada akhir masa kekuasaan Sukarno dan awal kekuasaan Soeharto.

Pada periode-periode tersebut, terutama pada 1970-an, Bung Tomo muncul sebagai penentang praktik kekuasaan yang menurut dia semakin korup dan merugikan kepentingan rakyat; sebuah sikap politik yang membawanya ke balik tembok penjara Orde Baru (dan belakangan dianggap sebagai faktor pengganjal pemberian statusnya sebagai pahlawan nasional). Menurut narasi ini, sikap politik Bung Tomo tersebut merupakan wujud patriotismenya yang lain yang tidak kalah penting dibandingkan dengan aksinya pada masa revolusi.

Narasi lain tentang Bung Tomo mencoba memberikan koreksi terhadap pemahaman historis *mainstream* yang sangat menonjolkan peran Bung Tomo dalam Pertempuran 10 November 1945. Peran Bung Tomo dalam menggelorakan semangat perlawanan rakyat lewat *Radio Pemberontakan* yang didirikannya selama revolusi memang sangat vital. Namun pertempuran Surabaya adalah sebuah peristiwa kolosal, baik dari skala maupun korban, karena itu penonjolan peran individual yang berlebihan bisa mengecilkan pihak lain yang juga terlibat langsung di dalamnya.

Peran Bung Tomo hanya satu dari sekian banyak faktor yang berperan dalam peristiwa historis itu. Apalagi jika kita mempertimbangkan faktor spontanitas rakyat Surabaya dan banyaknya pemuda pejuang yang datang dari luar daerah ketika alat komunikasi radio masih relatif jarang ditemukan.

Narasi berikutnya mencoba memberikan koreksi terhadap narasi mainstream di atas. Narasi tersebut menyatakan peran Bung Tomo pada pertempuran Surabaya terlalu dilebih-lebihkan. Sebagai agitator atau pembakar semangat, perannya memang vital, tapi itulah peran di belakang layar dan peran sebenarnya dilakukan oleh yang mempertaruhkan nyawa di medan pertempuran.

Narasi tandingan seperti ini misalnya dilontarkan oleh Soemarsono dalam memoarnya yang berjudul *Revolusi Agustus* (2008). Dia mengaku menyelamatkan Bung Tomo dari amukan pemuda karena dinilai "egoistis dan mau bermain sendiri". Sayangnya, narasi itu tidak sempat beredar luas seiring dengan ditariknya buku tersebut dari peredaran karena dianggap "memutihkan" dosa kelompok komunis dalam Peristiwa Madiun 1948.

Narasi tandingan lebih keras muncul dari historiografi internasional, terutama Belanda, yang mengusung isu *bersiap*, yaitu kekerasan massal terhadap orang sipil Belanda dan Indo, termasuk perempuan dan anak-anak. Dalam narasi ini, sosok Bung Tomo digambarkan sebagai salah satu pemimpin pemuda yang ikut memimpin, setidaknya membiarkan, rangkaian aksi kekerasan pada pertengahan Oktober 1945 dan dianggap sebagai alasan lain dari serangan dahsyat sekutu pada 10 November.

Narasi ini dipopulerkan oleh para penyintas seperti Herman Bussemaker (2005) dan sejarawan internasional seperti William H. Frederick (1989, 2014). Narasi *bersiap* jelas tidak populer dan tidak mendapat tempat dalam historiografi Indonesia karena akan "merusak" narasi sejarah nasionalistik yang dipromosikan pemerintah Indonesia. Meski demikian, narasi ini dipegang oleh komunitas internasional dan pengamat sejarah Indonesia serta beredar luas di dunia maya.

Belakangan, ia menjadi topik "panas" di Belanda setelah dimenangkannya gugatan kasus Rawagede dan Westerling serta munculnya beberapa studi baru yang membuktikan "kejahatan perang" tentara Belanda di Indonesia. Sejumlah kalangan di Belanda menginginkan upaya pembuktian dan pengakuan yang sama di pihak Indonesia bahwa telah terjadi aksi brutal pada 1945-1946 yang mengorbankan ribuan jiwa penduduk sipil Belanda dan Indo-Belanda (juga Tionghoa).

* * *

DEMIKIANLAH peta terbaru dari narasi sejarah tentang Bung Tomo dan Pertempuran Surabaya 1945. Kendati hal itu tidak akan disepakati semua orang, kita semua hidup di zaman digital, saat sejarah mengalami "demokratisasi". Arus informasi berjalan sangat deras tanpa bisa dibendung dan berbagai tawaran narasi historis alternatif tersedia secara melimpah. Suka tidak suka, setuju tidak setuju, narasi-narasi tersebut akan diserap oleh masyarakat Indonesia.

Kita bisa saja tidak setuju dengan narasi historis yang berbeda, tapi kita tidak bisa memaksakan penolakan karena sejarah adalah medan pemaknaan dan penafsiran yang dinamis. Kita harus sadar bahwa keberagaman narasi historis, betapapun *inconvenient* bagi kita, adalah sebuah keniscayaan. Menerima keniscayaan itu tidak berarti mengurangi penghormatan kita kepada para pahlawan nasional, tapi sebaliknya bisa membuat kita menjadi dewasa. Penghormatan bukan berarti pengkultusan dan menerima sisi lain dari sosok seorang pahlawan berarti mengembalikan mereka pada kesejatiannya sebagai manusia biasa. Selamat Hari Pahlawan!

SERI BUKU TEMPO: ORANG KIRI

Kisah tentang empat orang kiri Indonesia ini diangkat dari liputan khusus Majalah Berita Mingguan *Tempo* pada 2007-2010. Menyingkap yang belum terungkap, buku ini mengetengahkan pemikiran, ketakutan, kekecewaan, pengkhianatan, juga kisah cinta dan perselingkuhan sejumlah tokoh komunis Indonesia.

Made in United States
Orlando, FL
04 November 2026

90204238R00092